和谐校园文化建设读本

论中等教育

江彦研 宋颖军/编著

吉林教育出版社

图书在版编目(CIP)数据

论中等教育 / 江彦研，宋颖军编著． — 长春：吉
林教育出版社，2012.6（2022.10重印）
（和谐校园文化建设读本）
ISBN 978-7-5383-8972-2

Ⅰ．①论… Ⅱ．①江… ②宋… Ⅲ．①中等教育—教
学研究 Ⅳ．①G632.0

中国版本图书馆 CIP 数据核字(2012)第 116080 号

论中等教育
LUN ZHONGDENG JIAOYU

江彦研　宋颖军　编著

策划编辑　刘　军　　潘宏竹
责任编辑　张　瑜　　　　　　　　　　　　装帧设计　王洪义
出版　吉林教育出版社(长春市同志街 1991 号　邮编 130021)
发行　吉林教育出版社
印刷　北京一鑫印务有限责任公司
开本　710 毫米×1000 毫米　1/16　　印张　11.5　　字数　146千字
版次　2012 年 6 月第 1 版　　印次　2022年10月第 3 次印刷
书号　ISBN 978-7-5383-8972-2
定价　39.80 元

编 委 会

总 序

千秋基业，教育为本；源浚流畅，本固枝荣。

什么是校园文化？所谓"文化"是人类所创造的精神财富的总和，如文学、艺术、教育、科学等。而"校园文化"是人类所创造的一切精神财富在校园中的集中体现。"和谐校园文化建设"，贵在和谐，重在建设。

建设和谐的校园文化，就是要改变僵化死板的教学模式，要引导学生走出教室，走进自然，了解社会，感悟人生，逐步读懂人生、自然、社会这三本大书。

深化教育改革，加快教育发展，构建和谐校园文化，"路漫漫其修远兮"，奋斗正未有穷期。和谐校园文化建设的研究课题重大，意义重要，内涵丰富，是教育工作的一个永恒主题。和谐校园文化建设的实施方向正确，重点突出，是教育思想的根本转变和教育运行机制的全面更新。

我们出版的这套《和谐校园文化建设读本》，既有理论上的阐释，又有实践中的总结；既有学科领域的有益探索，又有教学管理方面的经验提炼；既有声情并茂的童年感悟；又有惟妙惟肖的机智幽默；既有古代哲人的至理名言，又有现代大师的谆谆教诲；既有自然科学各个领域的有趣知识；又有社会科学各个方面的启迪与感悟。笔触所及，涵盖了家庭教育、学校教育和社会教育的各个侧面以及教育教学工作的各个环节，全书立意深邃，观念新异，内容翔实，切合实际。

我们深信：广大中小学师生经过不平凡的奋斗历程，必将沐浴着时代的春风，吸吮着改革的甘露，认真地总结过去，正确地审视现在，科学地规划未来，以崭新的姿态向和谐校园文化建设的更高目标迈进。

让和谐校园文化之花灿然怒放！

本书编委会

目 录

第一章　中等教育制度的沿革

第一节　中等教育的定义与意义

中等教育并无一个统一的概念，根据各种文献，关于中等教育，大致有以下四种概念：

第一种概念，从培养对象上解说，如美国《教育辞典》中解释为：中等教育是"对大约 12～17 岁青少年所特别设计的教育阶段"。法国加斯东·米亚拉雷与让·维亚尔主编的《世界教育史》，把中等教育解释为"招收对象为 11～15 岁的少年和 16～18 岁的青年"。

第二种概念，从实施场所上界定中等教育。如英国《国际教育词典》界定为："在中等学校所提供的教育"；《西方教育词典》解释为"在中等学校中提供的全日制教育，学生年龄通常在 11 岁或 12 岁至 18 岁之间"。

第三种概念，从教育内容和程度上界定。如《新牛津图解词典》解释为：介于初等和高等教育之间的教育；《世界教育史》也作了类似的解释：初等教育以 6～11 岁的儿童为对象，高等教育招收的学生是 18 岁以上的青年，介于这两者之间的即为中等教育。

第四种概念，从受教育性质讲，中等教育既包括技术、职业教育，也包括普通教育。

上述关于中等教育的概念，需要解释的有以下方面：其一，中等教育的课程不是固定不变的。科学技术的发展，社会的进步，中等教育的内容在不断得到充实，20 世纪高等教育阶段的教育内容和课程，今天已经称为中等教育的日常内容了。其二，中等教育的教育对象主要是青少年，这说明，除了青少年外，还可能有其他受教育对象——

儿童和成人。其三，中等教育除了中等学校的实施场所外，在信息媒体发达的今天，中等教育越来越超越中等学校这一特定机构，电视、广播、计算机网络等已经称为中等教育的重要传播手段。

从发展的观点看，中等教育的意义是与日俱增的。具体说，中等教育的意义有以下方面：

1. 中等教育是任何国家、民族和地区学校教育的重要环节，它处于学校教育制度的枢纽地位。

中等教育介于初等和高等教育之间，在一个包括学前教育、初等教育、中等教育和高等教育的完善的学校教育系统中，中等教育起承上启下、承前启后的关键性作用。中等教育与初等教育和高等教育之间的衔接和吻合，直接影响整个国家国民教育的质量和国民素质的提高。中等教育内在结构的布局，又直接影响国家教育对国民经济的贡献。

2. 中等教育是一个国家、一个民族培养其青少年未来一代的主要的也是最为重要的施教阶段之一。

青少年是国家和民族的花朵和希望，是否能够很好地培养，直接关系到国家未来的兴旺发达。中等教育承担的正是培养青少年的教育的重任。青少年是个体成长中最为复杂和最不稳定的时期，施教合理得当，则青少年不仅仅能够在德、智、体等方面得到全面和谐的发展，而且还具备了以后工作和继续学习的可能性。反之，就易于导致青少年问题，例如，厌学、逃学、校园暴力、偷盗等严重的社会问题。

3. 中等教育的功能具有兼容性。

中等教育的功能最为复杂，它既具有职业性、技术性，又具有基础性和学术性。对于升入高等学府的学生来说，中等教育是其升学的预备性教育；对于直接进入劳务市场的学生来说，中等教育成为他们的终结性学校教育。尽管世界上存在两种极端现象：一方面，许多发达国家已经普及中等教育；另一方面，许多贫穷的发展中国家，大量的青少年没有资格接受中等教育。但是，普遍的情况是，大多数发展中国家在为实现普及中等初级阶段的教育而努力，并且已经取得了不少成就。鉴于中等教育的功能的多样性，对于国家和个人，中等教育均是非常重要的教育环节，它意味着迈向成功的阶梯。

4. 中等教育制度的完善，是任何国家和民族的国民文化素质提高的关键。

二战后，主要发达国家把义务教育延长到中等教育阶段，说明中等教育对于提高国民素质的重要意义。在当今科技昌盛的时代，仅仅普及初等教育是不够的，中等教育的义务化、大众化、普及化，是中等教育发展的方向，是各国提高国民文化素质的重要法宝之一。

第二节　中等教育制度的沿革

在分析了中等教育这一概念之后，我们将对中等教育的制度的来龙去脉作一详细的介绍。从制度的层面来认识中等教育，才能够把握中等教育的结构和实质。

（一）古代社会的中等教育

一般而言，世界现代教育制度的发源地在欧洲，欧洲各国的现代教育制度又源于欧洲古代和近代的学校教育制度。中等教育制度的沿革也不例外，我们将从古代欧洲的中等教育来寻找中等教育的源与流。

斯巴达的教育制度在公元前 9 世纪建立，归于政治家莱克尔加斯的立法。斯巴达教育的对象为从 7 岁到 18 岁的儿童和青少年，国家旨在通过训练使斯巴达人成为战士。尽管在 18 岁进入青年军事训练团和军校之前，不存在属于中等教育的机构，但是，斯巴达教育中包括了青少年的教育，这反映了斯巴达中等教育制度的萌芽。

与此同时，雅典也在探索青少年的教育制度。雅典的教育制度的形成开始于公元前 594 年的梭伦改革，其关于教育的立法形成了希腊学校教育制度。雅典的教育机构中，包括初等机构和高等教育机构，初等教育机构包括音乐学校和体育学校，从 7 岁至 11、12 岁，学习读写算、音乐、体操和游戏等。18 岁后，进入军训机构，学习军事知识与技能。那么，雅典的中等教育的情形如何呢？《西洋教育史》中作了如下的描述：约公元前第四世纪，贫苦的男童受了初等教育之后变为工匠的学徒；富裕者则继续修习直至其收纳为青年军事训练团的学生为止。大多数儿童在14岁后，便离开初等学校或音乐学校，去听那些哲人的演讲，以求较高的学问，如几何、天文、伦理学、修辞等。其后由柏拉图、伊索克拉底建立固定的学校，以代替浪游的哲人所开设的讲座。

此外，国内教育史中关于雅典中等教育的描述有：到12、13岁以后，才开始五项竞技的训练。有钱的人，在初等教育结束后，到15、16岁还要入体育馆继续接受体育训练，这时又特别注意竞走及拳击。竞走时身穿盔甲，拳击则如同临阵。还要参加各种公民集会、观剧、参加节日庆典等，接受社会教育。雅典的许多社会组织、各种公共集会、庆典、法庭、神庙、体育场、剧院、公民大会等对青少年产生巨大的影响。青年们参加一些活动，学习公共的生活准则，受到政治教育、道德教育、传统教育，也受到美的教育。这就是雅典的中等教育。

需要指出的是，希腊上述教育制度在随后的世纪里，直到被马其顿王国统治后，仍保持不变，并且传播到马其顿王国的其他地方。而这一过程中，希腊本土出现一批思想家与学者，他们在著书立说的同时，亦办了一些教育机构，其中，伊索克拉底于公元前392年在吕克昂附近创设第一所修辞学校。两年后，柏拉图在雅典创办了一所学园阿加德米。这些教育机构所接受的对象，主要是15岁至18岁的青少年。这也是雅典中等教育的重要形式之一。

公元前509年，罗马建立共和国。罗马教育以家庭为单位，没有固定的教育制度。从公元前3世纪中期到公元前2世纪后期，罗马在持续100多年的对外扩张战争中取得了胜利，成为地中海霸主，不仅征服了马其顿，也征服了希腊。在罗马共和后期，其教育获得巨大的发展，罗马征服了希腊，而希腊的文化征服了罗马。因此，罗马教育制度也具有"希腊化"特征：希腊的制度，罗马的内容。

罗马的教育分为三级：初等的文法学校、中等的文法学校和高等的修辞学校。

公元前 260 年，伽非琉斯最先在罗马创办类似今天中学的教育机构——文法学校。到公元 1 世纪早期，在多地都建立了中等文法学校：招收 12、13 岁至 16、17 岁的青少年入学，学习文学、语言、语法，程度高于初等文法学校。

起初，学校由希腊人主持，称为希腊文法学校，公元前 100 年出现了第一所拉丁文法学校。从此以后，儿童便同时学习希腊文和拉丁语，或兼上两种学校。学习科目还包括历史、地理和自然科学。博伊德在《西方教育史》中认为："从公元前 1 世纪中叶直至罗马帝国灭亡，各级学校并没有发生实质性的变化。"但是，到公元 6 世纪左右，由于基督教在罗马帝国上升到支配地位，加上北方蛮族的入侵，动摇了罗马社会的基础。罗马帝国衰亡的同时，其公立学校系统也随之消失，欧洲进入到中世纪的黑暗时代。

（二）欧洲中世纪的中等教育

公元 5 世纪，北方蛮族的入侵和罗马帝国的灭亡，使原有的市立学校教育也一并消失了。从此，教会占据了社会的统治权，在古代社会向近代社会过渡的时期里，教会对教育的垄断持续了 1 000 多年的时间。教会控制教育的机构是寺院，教会在寺院内设立学校，一种学校是为寺院新信徒在修道院内设立的；另一种学校是为其他人在修道院外设立的。一般而言，学校学生不多，知识面狭窄，主要死记硬背神学知识，参加学习的儿童不分层次。

就中等教育或者整个教育制度而言，对古罗马学校制度继承的较好的地方是爱尔兰及其辖地。公元 579 年，英格兰坎特伯雷大主教在该城设立主教学校，为英国中等教育和中等学校之鼻祖。之后，公元 631 年，东英吉利国王西格伯特借费利克斯主教帮助，在邓威奇办了东英吉利主教学校。这些中等学校，不仅仅培养教士，而且为英格兰富有阶层子弟提供文法等世俗知识的教育。这样，在随后的长时间里，皇室、教会、贵族均捐资或支持主教学校。教会对各地初等学校与文法学校进行扶持或者负直接的责任，在一系列宗教会议的法令中明确得到了承认。但是，当时欧洲的歌咏学校（初等）和文法学校（中等）数量不多，能够接受学校教育的只是少数富贵子弟。为了发展学校教育，8世纪末，查理曼大帝颁布教育通令，要求在每一个修道院和各主教管区内设立学校，使儿童学习识字和阅读。这个文告称为中世纪的教育总纲。随后，在德国出现了为贵族子弟与教士设立的中等教育机构——寺院学校、教堂学校和教会财团学校。学习科目大致包括圣经、文法、修辞、辩证术、音乐、算术、几何学、天文等。在以后的一个多世纪里，德国的这些中等教育机构在缓慢地发展。与此同时，由于某些君主对教育的关心，在宫廷开办了为贵族子弟设立的宫廷学校：儿童自9、10岁入学，20、21岁离校；可以说，宫廷学校也属于中等教育的范围，但是其年限更为宽广。在英国，宫廷学校既招收贵族子弟，也招收少数的下层阶级的儿童。

在中世纪，伴随日耳曼文化出现的骑士文化与文明对以后西方文化起了巨大的影响。骑士制度建立于公元9世纪，欧洲查理曼帝国瓦解，封建主义在欧洲形成，封建等级森严，国王之下依次分为公爵、伯爵、子爵、男爵，最低一级为骑士。因为战争的需要而使骑士具有特殊的重要性，从而形成骑士制度。

12世纪中叶以后，骑士教育制度也兴盛起来。骑士教育不同于以往的学校教育，它是在骑士生活和社交中进行。依据年龄划分不同阶段的骑士教育，侍童阶段、护卫阶段和骑士阶段。14、15岁至21岁的护卫阶段为中等教育阶段：儿童从侍童变为主人的护卫。总的说，骑士教育的内容为"骑士七技"：骑马、游泳、投枪、击剑、打猎、弈棋和吟诗。同时，骑士要学会侍奉领主和主妇。骑士精神中主要包括侠义、勇敢、忠诚等方面的内容。欧洲近现代尊重妇女的精神由此而来。

在中世纪后期，随着大学的兴起与发展，中等教育和中等学校的规模也扩大了。除了人口稀少的地区以外，西欧没有几个地区的儿童需要远离家庭去进正规的文法学校。在文法学校里，除了读、写与宗教外，学生还能学到拉丁文、修辞学与逻辑学。

出于考虑贫困学生的学习，在英国，出现了一些文法学校，又称为公学。最早的两所公学是曼彻斯特公学（创办于1389年）和伊顿公学（创办于1440年）。这类学校逐渐演变为中等私立学校的重要组成部分，且转变为专为贵族子弟服务的贵族学校。

此外，由于城市的发展以及工商业的兴起，各种不同行业兴起了行会组织，行会的宗旨是为保障这一行业的利益。但是，行会与行会的合作造就了欧洲中世纪城市的更大的自治，换言之，城市通过行会摆脱了封建的束缚，成为市民的自治体。与此同时，行会组织的基尔特学校，既教学生文法读写知识，又教他们算账等职业技术知识，这可以说是中等职业技术教育之先锋。

（三）文艺复兴时期与宗教改革时期的中等教育

欧洲从 14 世纪下半叶到 16 世纪末所经历的时代，称为文艺复兴时期。文艺复兴运动的实质是对压抑人性的黑暗的中世纪的反抗，是对充满人性的生活和社会的向往和追求。文艺复兴的主流是以人道主义和人性论为思想基础的人文主义——倡导平等和个性自由，歌颂人的智慧与创造性，肯定人的尊严和价值。

文艺复兴运动发端于意大利，波及到阿尔卑斯山以北的欧洲诸国，越过英吉利海峡，覆盖包括英国和爱尔兰的整个欧洲地区。文艺复兴运动波及到教育领域。人文主义学者倡导人文主义教育，即教育要尊重儿童的价值，要重视儿童身心的和谐发展，培养儿童的创造性等。许许多多人文主义的学者和教育家不仅提出人文主义的教育思想，而且创办人文主义学校。其中，中等教育机构的创建与改革是文艺复兴教育运动的重要内容之一。

意大利拉丁语学校就是文艺复兴教育运动的新产物。15 世纪，意大利几乎每一座城市均有一所拉丁语学校，学生学习拉丁语、逻辑学等。拉丁语学校既是儿童进入未来职业生涯的重要的环节，又是儿童升入高等学府的准备性教育。当时，佛罗伦萨有 90 000 居民，进入初等学校学习诵读的儿童有 8 000 人；进入基础学校学习算术的儿童有 1 000 人；进入中等学校学习拉丁语和逻辑的儿童有 600 人。这里的初等学校相当今天小学的低段，基础学校相当于今天小学的高段，中等学校相当于今天的初中和高中。由此可见，文艺复兴运动促进了意大利初等和中等教育的发展。

在 16 世纪的法国，在人文主义教育思想的指导下，出现了一种新型的初等与中等一贯制的教育机构——高级学校。学校共分 10 个级别，从低年级到高年级依次为 10 年级、9 年级、8 年级、7 年级、6 年级……2 年级、1 年级。此为法国现代中等学校之原型。其中，中等教育阶段的年级为 4 年级、3 年级、2 年级和 1 年级。儿童在接受 10～5 年级的初等教育之后，在 12、13 岁就读 4 年级，继续学习拉丁语，并开始学习希腊语和修辞学等。3 年级的课程与 4 年级相仿。2 年级的学生，开始学习罗马历史、算术，继续学习修辞学、演说术，学习拉丁名家作品。1 年级的学生学习演说术、历史、荷马史诗、算术等。毕业后，有些学生直接就业，有些学生则进入大学班的文学院 1 年级接受高等教育。

英国在文艺复兴运动的影响下，一些教育机构接受了人文主义教育思想的指导，创办者往往讲究校园环境的优美与整洁，教育对学生人性和个性的尊重等。在这一时期，在政府的干预下，英国有 300 多所文法学校不同程度地接受了人文主义教育思想的指导。英国的公学显然属于中等教育的范围，例如，圣·保罗公学的学校章程的第二条规定："为了保障教学质量，儿童入学前就要有所准备，能够熟练地读写拉丁文和英文。"换言之，就是儿童必须接受了初等教育，并且打下了良好的基础，才有可能被公学接收为其学生。而公学的毕业生，一般均升入英国的牛津和剑桥大学学习。

当意大利的人文主义走向衰弱之时，欧洲北方人文主义却异军突起，并且在 16 世纪达到了顶峰状态。人文主义的直接结果导致了随后的宗教改革运动。宗教改革运动使基督教幸运地保存了下来，同时，宗教改革运动对西欧各国教育产生了很大影响，一方面导致了教育权的转移，即从教会转向国家；另一方面，教育改革成为宗教改革运动的重要内容，学校教育制度在宗教改革中得到了完善，逐渐消除了初等、中等和高等教育在层次上不甚明确的状况。可以说，这一时期，是欧洲现代教育制度的萌芽期。

在 16 世纪初的德国，大学和初等教育得到了良好的发展，而中等教育的发展却不尽如人意。于是，有识之士开始关注中等教育的发展。

1501 年，雅各布·温普赫林发表了《告德国人书》，该书呼吁斯特拉斯堡市议会建立专门的文科中学以促进学术发展。随后，菲利普·梅兰克顿努力以新的思想设计德国的中等学校。在其努力下，1537 年在斯特拉斯堡创办了文科中学，校长为菲利普·梅兰克顿的好友斯图谟。学校分 10 个年级，每个年级分为几个班，每个班分为若干小组，设班长，重奖励。学龄从 6 岁至 15 岁，普通课程 5 年，高级课程 5 年，并与大学教育衔接。从学龄上推断，16 世纪的德国文科中学仍然是一种中小学一贯制的学校。在随后的数十年里，文科中学发展很快，在原有的市立学校与邦立学校的基础上纷纷建立起了文科中学。此外，在欧洲的其他许多国家（如荷兰、瑞典、匈牙利、波兰等），文科中学也纷纷出现。

斯图谟的影响是深远的，宗教改革的领袖喀尔文在多次访问了斯图谟文科中学之后，在日内瓦创办了类似的文科中学，并且进行了改革，把学制从 10 年缩短为 7 年。在校长西奥多·贝扎的主持下，这所中等学校取得了很大的成功，学生人数达千人之多。在耶稣会派教育体系中，文科中学亦有其相当的位置。在对斯图谟学习与借鉴的基础上，文科中学改制为 5 年，逐渐把小学的部分放弃掉，这样，文科中学成为名副其实的中等教育机构。

宗教改革后，路德教育改革对随后一个世纪的德国教育事业产生了巨大的影响。16 世纪后半期，德国许多公国纷纷制订学制，建立各级学校。1559 年威登堡公国最早建立完整的学校制度，1565 年被德国国会承认。在这一学制中，除小学教育和高等教育外，最重要的部分是建立了完整的中等学校系统，分为三级：

1. 拉丁学校。相当于现代学制中的中间学校或初中。儿童 10～11 岁入学，开始学习拉丁语等，学制 3 年。毕业后优异者升入高一级的学校——文法学校或修道院学校。

2. 文法学校或修道院学校。12～14 岁入学，继续学习拉丁语，开始学习神学等。

3. 高级修道院学校。15～16 岁入学，继续学习拉丁语、希腊语、逻辑学、修辞学等，开始学习算术、天文。毕业后优异者升入大学深造。

德国威登堡中等教育系统的三级结构构成了现代中等教育系统的雏形，既标志德国现代中等教育制度的开端，又为世界各国现代中等教育学制的建立提供了范型。

(四)17世纪至18世纪末德、英、法等国中等教育的发展

宗教改革之后，新教思想在欧洲大陆产生影响的过程中，旧有的保守势力仍然起着阻碍作用。在教育发展的过程中，文法学校仍然占据着教育的主阵地。新的学校在举步维艰地生存。随后，英国爆发了资产阶级改革，法国爆发了大革命，这样，在新旧势力的斗争中，新势力逐渐占了上风，这就为新教育的发展提供了土壤。下面就17世纪至18世纪末德、英、法等国中等教育的发展的情况作一介绍。

德国　在30年战争之后，德国教育又很快发展起来了。由于德国仍然是由各个公国组成，原有的封建割据局面仍很严重，但是，宗教改革的传统使其很快地实现了教育权由教会向国家的转移。进入17世纪，德国中等教育仍然以文科中学和骑士学校为主要类型。

德国的许多大小城市都建立了文科中学，班级规模扩大了，学校的任务也世俗化了，原来主要培养教会所需要的人，现在则主要为国家培养封建公国的官吏、医生和法官等。在17—18世纪末，德国的文科中学仍然主要为贵族子弟服务。德国另一种为贵族子弟服务的学校是流行于17世纪的骑士学校——主要为德国宫廷培养官吏，与中世纪骑士教育不同，骑士学校是把学生培养成为文武双全的人才。

到18世纪，德国又出现了两种新型的中等教育机构，一种是实科中学，一种是武士学院。实科中学于1708年由学者西姆勒在哈勒创办，原名为"数学、机械学、经济学实科中学"。40年后，赫克于1747年在柏林创办了经济数学实科中学。实科中学为学生提供可供选择的职业培养和训练。18世纪后期，德国许多城市都建立起了实科中学，原有的文科中学也设立了实科班，尽管在其发展初期，文科中学与实科中学在竞争过程中产生了矛盾，代表文科中学的势力和集团出现了对实科中学的排斥。但是，由于实科中学的实用性，在经历了100多年的发

展后，到 19 世纪末，实科中学的地位不仅得到了巩固，而且还推广到欧洲的其他国家。武士学院是德国 18 世纪的一种中等教育机构，主要为皇帝专门训练侍卫。

英国　这一时期，英国中等教育机构得到了进一步发展。从传统继承下来的公学与文法学校仍是其主要形式。公学实际上是一种寄宿制私立学校，靠私人捐赠，政府不干涉公学的财政和课程设置等，学校注重古典文及宗教课程的教授，公学的任务是把贵族子弟培养成为英国社会的公职人员。这一时期，英国最有名的公学有：伊顿公学、哈罗公学、陆坡公学、曼彻斯特公学、威斯特敏斯特公学和西莱斯保利公学。

文法学校是英国教育对古希腊和罗马教育继承得最完好的形式。古希腊教育制度进入罗马共和国，出现了文法学校，这种学校在中世纪欧洲其他国家消失的情况下，却在英国与爱尔兰通过教会的力量保存了下来，文艺复兴人文主义运动巩固了文法学校在英国教育中的地位。在文艺复兴运动结束之际，英国文法学校的数量超过 300 所。在 1558—1685 年间，英国至少创建了 358 所新的文法学校。

文法学校的任务主要培养官吏、医生、法官和教师等，或为牛津和剑桥等名牌大学输送生源。学校重视拉丁语和古典学科的学习。在 1640 年英国资产阶级取得政权后，文法学校的培养对象从原有的贵族、僧侣子弟扩大到工业家、商人、乡绅等上层阶级的子弟，并且开始有极少数工人子弟也有资格进入文法学校学习。

17—18 世纪，英国出现了一种新型的中学，即中等学校，与文法学校之区别在于，中等学校兼容古典学科和现代学科。这一时期，英国许多资产阶级学者也提出创办实科中学的建议。例如，威廉·佩蒂倡议建立技术中学，以学习实用知识与技能为宗旨的中等职业技术教育机构。英国共和政体时期，当教会发生变化之际，通过法令建立了许多新学校，大多数为私立中学，且属于中等职业技术教育的性质，例如，数学学校、航海学校与商业学校等。上述两类中等学校的出现与发展为英国现代中等教育系统中地方中学与技术中学的发展奠定了基础。

法国　宗教改革之后的法国，在 16 世纪中期至 16 世纪末经历了一场宗教战争，天主教战胜了其他宗教势力，成为法国的国教。各种宗教势力斗争的结果，法国的教育权掌握在各种宗教团体手中，这样，教育和学校最主要的任务就是推行宗教教育。

17世纪初，学校以组织严密、设备完善与训练严格著称。学校课程主要为古典"七艺"（文法、修辞、辨证、算术、几何、音乐、天文）和拉丁语等。学校吸引了大批贵族和资产阶级的子弟。

18世纪末，法国爆发了举世闻名的大革命。从此，法国资产阶级确立了政权，为资本主义在法国的发展扫清了道路。在革命过程中，先后执政的资产阶级各党派，提出了改革封建旧教育、建立新教育的方案。其中，涉及中等教育改革的方案有：

1. 塔力兰教育方案——规定中等教育为7年制的郡立中学，自费上学，家境贫困但成绩优异者可以享受免费待遇。教师为国家官吏，由政府任免。中学给予学生普通文化知识，使之得到一般的精神陶冶；同时又授予专业知识，以便获得从事职业的知识与技能。课程包括国语、修辞、语言、宪法、伦理学、地理、历史、数学、物理、化学、职务、教义等科目，同时重视体育训练与军事训练。

2. 孔多塞方案——中等教育为5年制中学，是比小学广博的普通教育，同时又为升入高一级学校作准备。课程包括古典学科与现代学科。

1794年，法国"热月"政变，使得1789年起的法国大革命结束，革命的资产阶级失去了势力，反动的保守的资产阶级掌握了政权。1795年颁布的多诺教育法案，反映了大资产阶级保守的本质。

（五）19世纪主要发达国家中等教育的发展

19世纪是资本主义处于迅速发展的时期，国际间的政治、经济斗争激烈，各殖民国家竞相争夺殖民地和商品销售市场。由于资本主义工业的发展，科学技术在经济中的作用越来越大，工厂对雇员的文化要求越来越高，这样，中等教育的大规模发展被提到日程上来了。

英国 工业革命后，英国政府开始重视教育的管理。1802年，英国政府首次颁发了有关教育的法令，要求工厂学徒和手工业学徒学习读写算的基础知识，由工厂主和业主负担学习费用。1834 年，有关政府颁布了"工厂法"，强调工人的教育与培训。19 世纪下半叶，英国基本上完成了工业革命，这时，世界各国资本主义得到了较大的发展，英国的"日不落"帝国的地位受到了动摇。由此，英国政府认识到从教育入手来巩固自己的竞争力。1870 年，英国国会通过了《初等教育法》，规定 5～12 岁的儿童必须接受义务教育。相应地，原有的中等教育也受到经济发展和教育发展的冲击。

1864 年，英国国会组织了以汤顿为首的"中学调查委员会"，用 4 年的时间调查了除公学以外的 1 000 所中等学校。调查委员会于 1868 年提交了报告，建议设立三种中学：

1. 为大资产阶级子弟设立的中学，注重古典学科的教授，学习的主要目的是为了升入大学，18 岁毕业。

2. 为中产阶级子弟设立的中学，强调现代自然科学的学习，主要培养医学、法律方面的专业技术人才，16 岁毕业。

3. 为中下层平民子弟设立的中学，强调计算及书写能力的培养，造就普通的职员、文书之类的人才，14 岁毕业。

这样，英国中等教育走上了"双轨制"的发展道路。

法国　1799 年拿破仑政变，建立了大资产阶级专政的执政府；1804 年拿破仑建立法兰西第一共和国（1804—1814），拿破仑实行独裁政治，对教育实行中央集权管理，设帝国大学作为全国最高教育权力机构，把全国划分为 29 个大学区，由大学区管理中学。中等学校是拿破仑关注的中心，设立直属中央管辖的国立中学和市立中学。国立中学是寄宿学校，经费由国库开支，培养目标是升大学之准备，输送军官。开设课程主要有：法语、文学、古典语、修辞学、数学、物理等，重视自然科学知识教学，重视政治、道德教育。市立中学主要培养各级政府部门文职官员。

1815—1830 年期间，波旁王朝复辟。1815 年，法国国立中学被改为"王家中学"，主要学习古典语文，成为贵族特权。1829 年，在市立中学开设特别班，学制 2 年，学习现代外语、商业、数学、物理、化学、绘画、测量等适应工商业发展的科目。

1830—1848 年，法国出现君主立宪政体——"七月王朝"。由于法国工业发展快，技术变革要求推动中等教育发展。1848 年，法国爆发了第三次中产阶级革命，在产业工人参加下推翻了"七月王朝"，建立了法兰西第二共和国，但由于路易·波拿巴窃取了总统大权，任命耶稣会教徒法鲁为教育部长，使教会主管与主办教育和学校。

1852 年，路易·波拿巴建立了法兰西第二帝国（1852—1870），自封"皇帝"。为适应和推动工商业的发展，法国对中等教育结构进行改革，恢复了国立中学和市立中学的名称，学制为 7 年。分为初级班和高级班；高级班实行文实分科，文科班主要学习文学艺术语言等，实科班主要学习自然科学、应用科学和现代语言等。1864 年，取消实科班，开办实科中学，学制 6 年，为工商业培养专业人员。

德国 德国是后期的资本主义国家，19 世纪初，德国仍然处于封建割据的状况，四分五裂，封建势力很大，生产力远远落后于英国和法国。从 19 世纪 20 年代起，德国开始向工业化社会过渡，向英国学习科学技术，改造手工业工场。1830 年，德国又在法国七月革命影响下，提出了符合资产阶级利益的民族统一的口号。1848 年，德国三月革命爆发，资产阶级取得了胜利。但是，1807 年，普法战争，普鲁士失利，蒙受割地赔款之辱，普王腓德列·威廉三世及忠于他的人民想到通过教育来激发人民爱国之情。这样，德国政府从教会手中争夺了教会领导权。在中等教育方面，进行了由德国教育部长洪堡领导的改革。

措施之一，洪堡对教师的资格有所规定。高级文科学校教师，必须通过大学规定的中学古文科目的考试，及格者才有资格做教师。在正式任用之前，有一年的实习期。1831 年后，对教师要求资格考试，无论是否大学毕业，必须接受哲学、教育学、神学以及古文科目考试，同时还必须在下列三组科目中有一组见长：①希腊文、拉丁文及德文；②数学及自然科学；③历史和地理。

措施之二，整顿各种名称的古典中学。德国有文科中学、高级女子中学、学院、拉丁学校、阿卡德米学校等中等学校。1812 年，洪堡统一中等学校名称，规定 9 年制的为文科中学，6 年制的称为前期文科中学，专为中等阶级设立的市民学校称为中学。18 世纪中期出现的实科中学，发展缓慢，因为升入大学或国家官吏的，只能是文科中学的毕业生。

措施之三，整顿学校课程。1816年，德国公布了中等学校的教学计划，将学科分为三大类，一类为语言学科，拉丁语、希腊语、希伯来语及德语为必修科目，法语与其他现代外语为选修科目。另一类为科学学科，包括数学、自然科学、历史、地理及宗教。第三类为体操和音乐等，为自由选修科目。教学计划把语文和数学定为基础学科。

德国的中等学校也形成了"双轨制"，分为职业轨和学术轨。平民子弟在初等学校毕业后，只能入职业轨，毕业后直接就业。贵族和富有阶级子弟接受良好的家庭教育，入学术性中学，为升入大学作准备。

这一时期，德国中等工业学校、技术学校等受到重视，普鲁士25个行政区均建立了地方的工业学校，到1825年，德国有20所技术学校。

美国 这一时期，美国中等教育方面有三种中等学校：第一种为拉丁文法学校，这是美国在殖民时期出现的一种公立免费中学。课程侧重古典科，学校为大学培养预备生，但女子受到限制。第二种为富兰克林创办的阿卡德米，由拉丁学校、英语学校和数学学校组合而成。1763年，出现了德美斯阿卡德米，1850年，全美有6085所这种学校。德美斯阿卡德米分文实两科，担负升学和就业的双重任务。课程设置较为灵活，据纽约市的统计，从1837—1870年，阿卡德米开设了149种学科，主要包括代数、几何、天文、职务、化学、普通历史、美术、英语、测量、哲学、讲演术、辩证术等。另一特点是，男女可以同校。学校还为美国培养初等学校的教师。第三种为公立中学，从英国古典学校演变成为英语中学。在19世纪30年代，美国兴起公立中学运动。1823年，美国通过法令，规定凡满500户居民的城镇必须设立一所公立中学，教授美国史、簿记、代数、几何、测量等课程，居民超过4000人的城市，则加设希腊文、拉丁文、历史、修辞及伦理等科。

俄国 俄国是欧洲最后走向资本主义道路的国家。1682—1725年，沙皇彼得一世在位，进行彼得改革，加强中央的权力，加强国家的国防力量，简化俄文字母，奖励翻译西欧著作，创办科学院、医学院、炮兵学校等。18世纪俄国各级各类学校如雨后春笋般涌现。之后，叶卡捷琳娜二世当政，也进行教育改革，以加强国力。19世纪初，资本主义经济在俄国逐渐增长。到19世纪60年代，农奴制被迫废除，资本主义进一步发展的障碍扫除了。19世纪50—60年代，俄国展开了教育改革，反对古典主义的中等教育。自1725年俄国设立了第一所文科中学到1855年，俄国已经建立了中学78所。在1864年颁布了《文科中学和中学预备学校章程》后，俄国的文科中学才得到广泛的发展。首先出现由国家出资的在省城设立的4年制中学，招收县立学校的毕业生，学生出身不受限制，毕业后优异者升入大学。学校考试古典语、现代外语、哲学、政治经济学、数学、物理、文学、自然历史、商业科学、工艺学等，每周授课30小时。《文科中学和中等预备学校章程》的颁布，反映了较为进步的教育政策。

19世纪下半叶，俄国中等学校发展为三种类型：古典中学——以希腊语和拉丁语的学习为主；半古典中学——古典学科与现代学科均受到重视；实科中学——侧重自然科学科目。中学的学制均为7年，预备中学为中学的前4年。根据章程，中学招生不问其身份与信仰，学校废除体罚，取消兵营制度，重视教师会议，实科中学改变1839年以来旧实科学校的半职业性质。但是，古典中学学生可以升入大学，实科中学学生只能升入高等技校。

1870年俄国颁布女子中学章程，正式确定女子中学为7年制，并附设一个第八年级的师范班，女子预备中学为4年制。进入19世纪70年代以后，俄国中等教育发生了重大的变化，古典中学变为8年，并且仍然成为贵族的特权，实科中学只为平民服务。根据1872年新的《实科学校章程》，改学制为6～7年，半职业性质，高年级进行职业化教学，少数学生可以升入高等技术学校。直到1888年，实科学校与古典中学之间的"双轨制"才被取消，即所有中等学校的毕业生均可以参加统一考试而被录取为大学生。

日本　18世纪中叶，日本资本主义萌芽。19世纪中叶，美、荷、俄、英、法等国相继用武力强迫日本开国通商，签订不平等条约，在日本建立租界，行使治外法权等。外国资本主义入侵，迫使日本寻求富国强兵的出路。国内代表新势力的武士在与旧势力幕府的斗争中获得胜利，并组建中央政府，拥立明治天皇。1868—1873年，明治政府采取了一系列措施，推行改革，发展资本主义。日本的教育发展也始于这一时期。日本的中学为中高级国民教育，是初级教育的继续，入学者不分出身与信仰，兼升学与就业双重功能。由于课程开设强调基础性与实科性，以及现代外语的学习，日本中学对于日本国家的近代化和国民素质的提高作出了很大的贡献。

（六）20 世纪上半叶世界主要资本主义国家中等教育的进一步发展

美国　南北战争后，美国进入第二次资本主义革命。随后经济的飞速发展，美国的教育也得到巨大的发展。这一时期，由于大量移民的涌入，美国人口大量增长，1890 年为 6 300 万；1900 年为 7 600 万；1910 年为 9 200 万；1920 年为 15 000 万人。1894 年，美国工业产值为 95 亿美元，从世界第四位跃为第一位，到 1913 年，美国的工业产量超过了英、法、德和日四国的总和，成为世界头号工业强国和头号经济大国。

这一时期，美国中等职业教育得到了发展。美国早期中等职业教育的发展始于农业教育，1888 年，全美出现第一所农业中学，后来规定在普通中小学、中等师范学校开设农业课程。1913 年，全美农业中学增至 2 300 所，1915 年增至 4 665 所。1906 年美国出现第一所公立职业学校，1910 年全美有 12 所，一般招收 16～20 岁学生，主要开设图画、理科、计算、会计、历史、英语、实习等科目，进行职业预备教育，注重职业知识学习，而不注重特殊职业技能训练。美国工业中学往往与工厂企业挂钩，培养技术员与工长。为促进职业教育发展，1917 年国会又通过斯密斯·休斯职业教育法案。该条例规定联邦政府与各州政府合作发展职业教育：第一年拨款 170 万美元，以后每年增加 700 万美元，每州也投入相应的款数，主要用于供给农业科目的教员、视察员、指导员和工业科目教员的薪水，并培养农业、商业、工业和家政科的教员。这种资助仅限于国立中等职业学校，包括半日制职校。1919 年，全美共有 2 039 所学校接受了该项资助，职校教员人数增加了 1 121 人，学生人数从上一年的 164 000 人增加到 195 000 人。1920 年和 1936 年，美国国会又分别通过了两个法案，联邦政府决定增加学校职业学科的教学和职业训练的经费，继续大力支持职业教育的发展。

英国　20 世纪初，英国工业迅速发展，中等教育需要进一步发展，教育机会均等呼声高涨，中等教育全民化要求应运而生。1902 年，英国政府颁布了巴尔福教育法，成立新的地方教育当局代替原来只管初等教育的地方教育委员会，同时管理中等学校和师范学校，并且提供资金。1904 年，英国教育委员会公布的法令规定，中学要想取得享受教育委员会补助的资金，就必须向 16 岁左右的儿童提供普通教育（智育、德育和体育等）。19 世纪末创建的一种高等小学（或称"新中心学校"），学制 3—4 年，招收 6 年制小学毕业生，相当初中或高中一年级水平，为城市小商人、高级工匠等小资产阶级子弟服务，培养学生读、写、算能力。1914 年，伦敦有 20 所。这类学校为贫民子弟设立了奖学金名额，1895 年全国奖学金名额为 2 500 个，1906 年猛增至 2.3 万个。1911 年，伦敦教育当局创立一种新型教育机构——中央学校，介于小学和中学之间的一种中间型学校。它招收年满 11 岁仍未能通过"十一岁"之考试的小学肄业生，学制 4～5 年。课程开设英语、数学、历史、地理、美术、音乐、工艺技术、家政、机械、制图、缝纫、经济学、簿记、速记、商业书信及打字等广泛科目。

1905 年，英国出现正规职业中学，取名为初级职业技术学校，招收小学毕业生，修业 2～3 年。二战后发展为技术中学。初级职业技术学校大多集中设立于工商业发达的城市或地区，且有职业预备性质，强调应用数学和数学、自然科学学科的教学。

1917 年，英国教育大臣费舍制定新教育改革法案，1918 年获得政府通过，简称费舍法案，着重改革中小学教育。中等教育方面的改革有下列内容：地方教育当局管理中小学；拓宽各种小学毕业生的升学途径；为 14～18 岁青少年设立类似德国式的职业技术夜校，由工厂管理，每周学习两天半，列入义务教育的领域。

1926 年，《关于幼儿学校及保育学校报告》就青少年教育提出新建议，义务教育延长到 15 岁。在初等教育后阶段设立各类中等学校，以适应不同学生之需要，学制 4 年，招收 11～15 岁青少年。这样，英国中等学校的类型呈现多元化特征，除了上述的类型外，还包括：

1. 公学——收费昂贵的私立学校。1900 年，英国有 104 所公学，公学保留其古典主义的特色，按照绅士教育精神开设课程，同时兼顾现代学科，公学的大多数毕业生都能够升入英国名牌大学。据统计，1929 年，英国有 138 所公学，其中，完全不接受政府资助的有 75 所，全部由公款办理的为 1 所，即达特茅斯皇家海军学校。

2. 文法学校——历史悠久。开始的生源多属于有产者子弟，只为少数贫寒家庭子弟设立免费名额。1902 年以来，学校成为英国最为重要的中等学校类型之一，学制 6 年，前五年为普通教育阶段，开设英语、外语、文学、历史、地理、数学、自然科学、体育、音乐等课程。到第六学年，学生可以根据自己的兴趣和能力，分别升入人文、语文、数理或艺术班。从 1917 年开始，英国中学实行 16 岁证书考试制度，分为学校证书和高级证书两种，这是升入大学或者就业的证明，相对说，高级证书考试较难，通过的人为数不多，而学校证书考试通过的比率为 40% 左右。

3. 公立中学——学制 4～6 年，招收初等学校毕业生，授业年龄为 11～13 岁，课程侧重于数理方面的学科。学校实行男女同校或者分校的方式。由于公立中学收费较低，所以其学生中的大多数来自中下阶层子女。

总的来说，20 世纪上半叶英国中等学校的数量是发展很快的。1903—1904 年，英国有 407 所中等学校；1931 年，仅英格兰和威尔士两地的中等学校就有 1 367 所，在校学生数从 1913 年的 188 000 人增至 1921 年的 363 000 人，1936 年又增加到 482 000 人。此外，英国中等学校免费生名额从 19 世纪末的 25% 增至 20 世纪的 75%。这表明，英国中等教育走上了大众化的道路。

德国　一战前，德国中等教育已经得到较大的发展。文科中学数量增加，主要以拉丁语、希腊语、德育、文学艺术为核心课程，又称为古典中学。高级实科中学及实科中学则以数学及自然科学为核心课程。这三种中学均主要为贵族及富有阶层子弟服务，学生毕业后可以直接进入大学学习。到 20 世纪，这三种中学开始向所有德国人开放。

在传统教育系统中，女子教育没有位置。但是，时代的发展需要女子受教育。于是，1908 年，德国开始确立女子教育制度，设立女子中学，学制 10 年，前三年为预科，从 4 年级开始，根据本人兴趣可以升入文科、实科或理科，毕业后可以升入大学继续深造。

由于德国在第一次世界大战中成为战败国，德国在 1918 年至 1933 年采用共和宪政体，其中等教育在继承中得到发展。战前的文科中学、高级实科中学、文实学校及中间学校均保留了下来。中间学校类似初级中学，又带有职业预备性质。此外，成立了一种新型中学——德意志中学，根据 1924 的教育改革方案，这种中学努力维护德意志文化，推行民族主义思想，开设德国语言、文化、历史、哲学、地理、宗教以及音乐、绘画、文学等课程。学制 6 年，招收 7 年级义务教育毕业生或读完 4 年基础学校而不准备升入普通中学的优秀毕业生。

这一时期，德国中等学校发展较快，全德国有国立中学 2 167 所，私立学校 350 所，女子中学比重占 40%。中学的课程略有变化，现代学科增加，所有学校均努力体现德意志精神。

1934—1945 年，德国进入纳粹统治时期。德国教育成为希特勒法西斯主义宣传的工具，希特勒政府对青少年进行斯巴达式的军事教育训练，以使他们成为德国侵略战争的"勇士"，对青少年灌输狭隘的民族主义思想和大国沙文主义思想。

希特勒政府改组中学体制，简化学校类型。中等学校分为文科中学、德意志中学和上层建筑学校。基础课程突出德语、本国历史、地理、德国文化与文学、音乐、体育、生物等与德意志军事紧密联系、与军事相关的学科。中学高年级实行分科制，德意志中学成为这一时期德国最重要的中等学校。1933 年所招学生占中学生总数的 33.3%。

另外，1938 年，纳粹政府下令，缩短学制，将高等国民学校和 9 年制中学各减少一半，同时将中间学校改为 4 年制免费初级中学，为那些体质优良、种族纯正的优秀学生提供技术训练。学生毕业后，一律到劳役营过"乡村学年制"的生活。1935—1939 年间，德国中等学校减少了 50%，学生人数也大大减少。

法国 1902 年，法国政府对其中等教育进行了重大改革，规定中学为 7 年制，分为两个阶段，前一阶段为 4 年，后一阶段为 3 年。前一阶段分为 A、B 两部，A 部设拉丁语，B 部不设拉丁语。后一阶段的头两年为 A 科学生，又分三组：①拉丁语、希腊语；②拉丁语、现代外国语；③拉丁语和数理科。B 科学生开设数理和现代外国语。最后一年，四组又复合为哲学、数理两科，除哲学第①组外，其他则将拉丁语、希腊语定为选修科目，现代外国语为重点科(1924 年废除拉丁语和希腊语为中学必修科目)。

这次改革，加强了法国中学数理科和现代外国语在课程体系中的地位，开创了法国中学分科分组的先例，把 7 年制的中等教育分为相互衔接的两个阶段，确立了法国中学的基本模式。

日本 20 世纪，日本加强中小学教育，把教育投入的 90％以上用于中小学教育。这样，中小学教育得到迅速发展。1917 年，日本发布了《高等学校令》，规定 5 年制中学不变，高级中学由原来的 2 年改为 3 年。为鼓吹大国沙文主义和军国主义思想，中学加强国民精神和国体观念教育，控制学生思想，把青少年培养成为未来侵略战争的战士："战时(能)忠于皇国的勇士，平时于社会有益的工人。"

二战前，日本的中等学校类型有两种：

第一种类型的中等学校为普通中学。普通中学分为男子中学、女子中学和高级中学。男子中学(7～11 年级)招收初等学校毕业生，但是考试要求严格，只有 10％的人能够有幸进入这类中学。学校培养目标为：以相当高的标准，对学生进行优良的普通教育，并培养学生具有民族道德精神。开设课程包括：公民、道德、日语、中国古典文学、历史、地理、外语(英语、德语、法语或汉语)、数学、科学、技术、绘画、音乐、实习作业(如：木工、园林和体育)。每周课时 15～30 学时，中国古典文学、日语、外语每周 6～9 学时，其余科目平均每周 3 学时。

女子中学(7～10 年级或 7～11 年级)的培养目标是：为女子提供必要的文化教育，使之具有民族道德和妇女的美德。开设课程有国语、科学、数学、柔道、舞蹈、家政等。只有少数富有者的子弟才有进入女子中学就读的特权。

高级中学(12~14年级)，学制 3 年。具有专科性质。初中毕业生希望进入高中者需要经过激烈的考试竞争。一般而言，初中毕业生能考入高中者仅占 1/13。高中毕业生可以直接进入帝国大学，从此可进入日本上层社会。

高中实行文理分科。文科学生，以英语为第一外语，法语、德语、汉语、俄语等为第二外语。自然科学学生则以德语为第一外语，其他外语为第二外语。文科学生学习科目包括美学、日语、中国古典文学、历史、自然科学、体育及军训等。最后一年选修法律、经济或哲学。理科开设课程有数学、物理、化学、生物、地质和制图、体育及军训等。周课时数 30 学时，每门课程每周占 1~2 学时。高中实行寄宿制，但管理得较为宽松，学生拥有一定的自由度。

第二种类型的中等学校为职业学校。1905 年，为适应军需工业的发展，日本大力发展了与工业、农业、商业、商船制造等国民经济相关的职业教育。由于日本存有对外侵略扩张的野心，所以其对各方面的技术人员的培养非常重视。1937 年，日本政府在中等学校设立第二部，在高等学校设立临时技术养成科，以加速工业加速人才的培养。这一时期，日本中等职业学校呈现下列几种类型：

(1)青年学校——1933 年呈现的一种学校组织，招收家境贫寒且学习较差的小学毕业生，学习简单的工农业生产知识，同时用 1/3 时间接受军事训练。学制灵活，2~7 年不等，可全日制或半日制。在后方，他们是工人，在战场上他们是士兵。1940 年，日本有这类学校15 000 所。

(2)工业学校——招收小学毕业生，修业 3~5 年；招收高等小学毕业生，修业 2~3 年。

(3)职业补习学校——招收高小毕业生，修业 3 年。1914 年日本有 7 386 所，1923 年发展到 14 175 所，学生人数从 346 767 人增加到 1 025 645 人。

(4)中等师范学校——招收小学毕业生，修业 5 年，为小学和幼儿园培养教师。

第二章　世界主要国家现代中等教育制度

第一节　英国现代中等教育制度

英国现代中等教育制度的形成以 1944 年颁布的巴特勒教育法案为蓝本，经过 20 世纪下半叶的发展，确立了英国全国统一的中等教育制度。

1941 年，英国教育科学部为改革中等教育，成立了诺尔伍德委员会，提出改革建议：

1. 将中等教育区分为文法、技术及现代三类中学，以适应实际需要，为便于沟通转学，并设置多类课程。

2. 凡年满 11 岁及以上的儿童，均必须入学。前两年为初中部，以沟通普通课程为主，13 岁后再调整，使儿童能够进入适应其自身条件的学校就读。

3. 改革中学考试制度。改革校外举办的学校证书考试为校内考试，把原 16 岁考试与 18 岁考试改为每年两次的毕业考试。

1942 年，英国教育部成立傅来明委员会，解决以公学为主的中等教育制度问题，建议如下：

1. 开放公学，使平民子弟有进入公学的机会，儿童入学应不受家庭经济状况的限制。

2. 由教育部给予贫困津贴，或者由地方教育行政机关负担经费，在公学内预留部分名额，然后选拔优秀平民子弟以分配名额。

3. 公学收费，应该按照不同家境情况，制订弹性收费表，使不同家庭的经济能力能够负担得起。

1944年，以1943年教育白皮书为蓝本，经过英国上下议院修订通过和皇室批准，正式成为巴特勒法案。有关中等教育方面的改革细则如下：

1. 在中学方面，力求与小学衔接，地方教育当局根据地方需要做一综合性调查，并向教育科学部提出中小学教育发展计划。

2. 延长义务教育到15岁，视实际情况延长到16岁。

3. 建立义务补习教育制度，使15～18岁从事工作的青年，每周至少能够接受1天的补习教育。

4. 取消小学升入中学的选拔考试制度，采取更为合理的安排。

5. 制定使用于各类中学之统一的法规，并提高其水准，使其他中学达到文法中学的水平。

6. 改革中学课程。

英国1944年教育法案，显示了政府为实现中等教育普及化的信心与决心。同时，也表明英国政府在中等教育阶段重视青少年一代的年龄、能力与兴趣等方面的差异，以此来建立中等学校的结构与类型。在随后的数十年的发展中，英国现代中等教育制度得以确立，其中等学校的结构与类型如下：

1. 文法中学——学制6～7年，侧重理论知识的传授，并特别重视学者风度及相关知识的养成。大多数学生在毕业后参加"普通教育证书考试"。这种学校的第六学级（17～18岁），给予学生更深层次的教育。

一般情况下，文法中学的学生在15～18岁参加普通教育证书考试，如获得特别许可，可以提前参加。

2. 技术中学——招收年满13岁的学生，修业至16～17岁。英国教育科学部宣称，技术中学所招收的学生的能力，与文法学校学生相等，也可以参加普通教育证书考试。但是，大多数家长认为，文法中学优于技术中学，在选择上家长偏爱文法中学。

3. 现代中学——现代中学设置的目的在于培养学生成为工商业、运输业、农业、家庭事务等方面的技术劳动者。根据学生特殊能力，发展其技能，训练其公民资格及责任心。

1965 年，英国实施综合中学方案，废止过于早期决定学生前途的"11 岁考试"，将原有三种中等学校综合为一种综合中学。在国务大臣安东尼·克罗斯兰发布的第十号通知中，列举了六种改组方式供地方教育当局选择。这六种方式为：

1. 一贯制综合中学，学生在校年龄为 11～18 岁；

2. 两级制综合中学，分初级中学和高级中学。所有学生在 11 岁时入初级中学，13、14 岁初中毕业后自然转入高级中学；

3. 两级制综合中学，亦由初级和高级中学组成，但所有学生 11 岁时入初级中学，13、14 岁时则部分学生升入高级中学，其余仍在初级中学就读。

4. 两级制综合中学，由初级中学和 13、14～16 岁与 13、14～18 岁两类高级中学组成。所有学生在 13、14 岁从初级中学毕业时可在两类高级中学之间作出选择。

5. 两级制，由 11～16 岁综合中学和 16～18 岁第六学级学院组成。

6. 两级制，由 8～12 岁（或 9～13 岁）的中间学校和 12、13～18 岁的高级中学组成。

整个 20 世纪 70 年代，英国综合中学数量迅速增长。至 1976 年，在 105 个新地方教育当局中，只有 1 个当局未设综合中学，27 个教育当局已实行全面综合改组，19 个教育当局改组了除民办学校之外的所有中学，还有 58 个当局实现了局部综合改组。当年的综合中学增至 3 387 所，学生数占中学生总数的 69.7%。

1976 年，工党政府通过教育立法（1976 年教育法），确立了中等教育组织的"综合"原则，授权教育和科学大臣责成各地方教育当局递交中等教育综合改组计划，并规定任何公立学校（除有例外情况之外），都不得以能力或倾向来选拔学生。1980 年，英格兰和威尔士在综合中学就读学生已达总数的 83%，同年就读于现代中学和文法中学的学生则降为 7% 和 4%。至此，英国公立中等教育的综合改组基本上宣告完成。

第二节　法国现代中等教育制度

二战后，法国决心重振国力，政府提出全面改革的政策，其中，教育改革是非常重要的领域。1944 年 8 月，法国国会委托法国的学术权威机构法兰西学院院士郎之万教授负责研究法国教育制度之改革方案，成立教育改革计划委员会。该委员会通过对英国 1944 年教育法案的研究以及对法国自身教育制度的调研，数个月后提出改革方案，简称"郎之万方案"。其主要建议如下：

1. 正义的原则，包括"平等"与"多样性"。教育内容亦包括生活之全部，教学过程也要尊重学生的个性与自由，鼓励自发自主的活动。

2. 所有社会行业之价值一律平等。任何职业只要为社会所需要，对公众幸福有所贡献，其价值就应该受到尊重，绝无贵贱之分。

3. 任何人都有受完全教育之权利，每个人的才智、志趣，往往有所差异，教育必须各就所长，加以发展，以造就专才。

4. 教育定向原则。先实施教育辅导，后推行职业辅导，教育要顾及儿童的才能，也要注意社会性发展与要求，所以教育辅导旨在探究儿童的个性，职业辅导旨在协助儿童适应将来的社会生活。

5. 劳动教育。普通教育使人在共同文化熏陶下增进人性的了解，而专业教育则容易树立隔阂，唯有劳动教育，才可以使教育达于融合。

6. 继续实施社会教育。教育贯穿整个人生的全过程，离开学校后，青少年应该接受部分时间的职业补习与一般文化陶冶。

"郎之万方案"中提出的法国学制框架，就是以上述内容作为基本精神的。在学制框架中，11～18 岁为中等教育，前两年为儿童个性的观察期，中间两年为方向选择期，15～18 岁开始分组，分为职业科与理论科，学生根据自身兴趣才能自由选科。

1956 年 8 月，法国教育部长比利叶又提出"延长义务教育与公共教育"方案，建议义务教育延长到 16 岁，并且适当调整学制，设立为期两年的共同基础的中间学校，实施辅导教育，并且实施职业教育，为直接就业的学生作准备。

1959 年，法国颁布了延长义务教育的法律，规定义务教育延长到 16 岁。同时，又颁布了对教育结构进行改革的法令，称为"贝尔敦法令"，就中等教育结构的改革包括以下内容：1. 建立学制 4 年的市立普通中学取代原来的小学补充班；2. 取消小学生进入中学时的入学考试；3. 规定各类中学的前两年为"观察期"，实施共同的基础教育；4. 将原有的技术中学和国立职业学校升格为市立技术高中，培养技术员；将艺徒中心升格为市立技术教育中学，培养技术工人和低级职员。这次改革意味着法国中等教育向统一的初中跨进了一步，消除了以往阻碍平民子弟进入中学学习的屏障——中学入学考试，使法国儿童接受中等教育的机会增加。职业技术教育也纳入到正规中等教育的系统。

进入 20 世纪 60 年代，法国社会对中等教育的需求进一步增加，要求建立一种综合性中等教育学校，以保证真正的方向指导得到落实。1963 年 8 月 3 日法令决定建立一种新型的综合性中学——市立中等教育学校，以便将实施第一阶段中等教育的各种机构逐渐统一起来。市立中等教育学校力图将小学补充班、市立普通教育中学以至国立中学（或市立中学）的前四个年级按地理布局和学校规模进行调整和改组，统一实施第一阶段中等教育。第一阶段中等教育分为三类科班：长期班参加高中毕业会考；短期班以实施职业教育为主；过渡班则接收学习困难的学生，学徒培训或直接就业。

20 世纪 70 年代，法国又进行了全面的教育改革，其宗旨是："重建法国教育制度，使其适应世界，特别是适应急剧工业化和城市化的社会新需要。为此，要简化教育的组织结构，并使其更加灵活和促进学习机会的均等，从而在缩小社会的不平等中发挥真正的作用。"

涉及中等教育改革的内容如下：取消过去第一阶段中等教育的三类科班，建立一种完全的并向所有适龄儿童开放的综合性教育机构——初中。初中分为四个年级，两个阶段。前两年为观察阶段，实施完全相同的基础教育，观察阶段之后只允许个别年满 14 岁的学生转入职业培训。后两年为方向指导阶段，在实施统一教育的同时，设置一定的选修课。在高中，同时实施普通教育和职业技术教育。为此，高中分为普通高中、技术高中和职业教育高中三类。普通高中实施完全中等教育，也称长期高中，学制3年，目标是准备高中毕业会考，为高等教育输送生源。技术高中亦实施完全中等教育，同属长期高中，也为职业社会输送人才。职业教育高中实施不完全中等教育，也称短期高中，学制2年，或招收初中观察阶段的结业生，学制3年，目标是直接为职业社会培养技术工人或低级职员。这样，法国现代中等教育学制系统得以确立。

第三节　德国现代中等教育制度

第二次世界大战，法西斯德国，终于被正义的、反法西斯同盟人民打败。1945年5月7日，德国无条件投降。德国被英国、法国、美国和前苏联分割成为四个占领区。东区归苏联占领，西南区归美国占领，西北区和西区分别由英国和法国占领。

在苏联占领的东区，这里的政治、经济和文化教育经过社会主义改造，形成了社会主义教育制度，1949年10月7日，成立德意志民主共和国。其余地区则受英、法、美等盟国管制委员会的管束，同年，成立德意志联邦共和国。

德意志民主共和国成立后，其教育由中央一级的国民教育部管理，进行教育结构的改革。在中等教育方面，1950年，统一社会党第三次代表大会根据发展国民经济的需要，提出建立10年制中学的建议。10年制中学参照了原德国实科中学的性质，超出8年制基础学校的普通教育，目的是为进一步修习工程师或类似的教育机构的课程作准备，以在更大规模上为国民经济提供合格的中级干部。10年制中学的学生80％来自工农家庭。

1956年，部长会议在关于民主德国中间学校的任务和结构的决议里首次把10年制中学称为"中间学校"，第一次阐明了中间学校作为综合技术学校以 10 年修业期使学生达到中等教育第一阶段毕业，并打算逐步扩充为普及义务教育的学校。1959 年 1 月，德国统一社会党中央委员会第四次会议上第一次称中间学校为"中学"（Oberschule），最后定名为：10 年制普通教育综合技术中学。1959 年 9 月 1 日新学年开始，10 年制普通教育综合技术中学取代了 8 年制基础学校，至此，完成了由 8 年制基础学校到 10 年制普通综合技术中学的发展过程。20 世纪 60—70 年代，10 年制中学得到长足的发展，成为民主德国中等教育系统中的主干学校。

1959 年 12 月 2 日，人民议会通过的《关于学校教育事业社会主义发展的法律》，对 10 年制中学又作了说明与规定：

1. 10 年制普通综合技术中学是为全体儿童开放的普通教育学校。

2. 10 年制中学划分为低级阶段（1～4 年级）和高级阶段（5～10 年级）。

3. 10 年制中学为职业教育奠定基础。

4. 10 年制中学毕业后的教育途径是：提供升专科学校资格的两年制职业训练；职业训练同时继续受普通教育直到取得高校入学资格；提供高校入学资格的企业中学；提供高校入学资格的夜中学；为特殊考试作准备的学习班；工农预科。

5. 达 12 年级的普通教育综合技术中学（简称扩展中学）提供高校入学资格。在进入高校之前需有 1 年职业实践经历。

6. 10 年制中学建立后，通过这种学校实行 10 年制普通学校义务教育和两年职业学校义务教育。

扩展中学被限制在 11～12 年级这一教育阶段上，直接与 10 年制中学的 10 年级衔接，保证了 10 年制普通中学教育的统一性。与此同时，取消了三分支的划分，11 和 12 年级这一阶段上统一了教学计划。

1947 年，盟国管制委员会就对德国教育达成如下的政策协议：1. 实现教育机会均等；2. 公共的义务教育完全免费；3. 废除义务教育的双轨制，实现综合统一的学制；4. 注重公民责任与民主生活态度之培养；5. 6～15 岁应实施日间义务教育就学；6. 促进国际间的相互了解与尊重；7. 注重就学指导与职业方向指导；8. 加强健康教育。上述协议对联邦德国中等教育发展的影响很大。

1948年的柏林学校法建议为儿童设立统一学校，将义务教育年龄由14岁延长至15岁，且6~8岁阶段的一切教育均予免费，并继续坚持1947年盟国会议教育政策。1949年，联邦德国基本法对教育如是规定：1.法律面前人人平等；2.整个教育制度受到严格监督；3.设立私立学校之权利应受到保障；4.学术研究自由。1955年，德国教育制度改革方案更明确指出，在当前学制发展中，中等教育应该配合社会经济结构之变化，大量扩充，使全民有普遍接受教育的机会。

20世纪60—70年代，联邦德国中等教育指导呈现三分结构，由主要学校、实科学校、完全中学初级阶段构成。综合中学则是一种新型学校类型，在数量上不占十分重要的地位。

在中等教育第二阶段，学校教育分化为普通教育和职业教育两个体系，实施普通教育的机构是完全中学高级阶段，实施职业教育的机构是由多种职业教育机构构成的职业教育体系。

大约1/3的小学毕业生进入"主要学校"。"主要学校"的名称来自奥地利，1929年开始，奥地利把城市中的8年制国民学校的高级阶段（共4年）称为"主要学校"，按照学生不同的学习能力分成两个班继续教学。1959年，联邦德国教育委员会的总纲计划里采用了这一名称，1964年联邦德国《汉堡协定》进一步规定了它的使用范围，特指联邦德国5~9年级或者5~10年级或者7~9年级的学习阶段。这意味着，原国民学校高级阶段名不副实，它不是真正的全体国民的学校，而仅仅是为了下层居民群众设置的一种学校，它应当改变这种状态，成为与这一教育阶段中其他中等学校具有同等价值和地位的一种学校；其次，必须力求消除教育中存在的等级观念和歧视现象；第三，为适应生活和职业对教育提出的要求，必须考虑到普遍改善居民群众的面向科学的教育。

主要学校的要求日趋严格，每一个主要学校的学生都要学习一门外语（大部分学生学习英语）和工作理论，以适应以后职业培训的需要。毕业后，大部分学生要进行职业培训或进入职业学校学习。主要学校毕业证书提供毕业生下述资格：1.接受手工业、商业、工业和行政管理领域的双重制职业训练；2.升入职业专科学校；3.成绩优异者经过职业补习学校和专科高中可获得高等专科学校入学资格，或经过全日制补习中学或第二条教育途径的其他教育机构获得高等学校入学资格。

实科学校是在主要学校和更高一级中学中间的一种中学，原名为"中间学校"。1964 年《汉堡协定》规定统一使用"实科学校"之名称。实科学校学制 6 年，即第 5～10 年级。实科学校相当于中等教育程度，毕业后可以进入技术学校学习和为以后进入大学专科学校作准备的高级技术学校学习；也可以在企业和国家公共机关做中级职员。有 1/3 的小学毕业生升入实科学校。

实科学校毕业生职业活动的重要场所是商业和服务业领域。1985 年，工业和商业领域全部学徒的 36％来自实科学校毕业生；在公职部门的受训人员中，实科学校毕业生占 55％；在手工业部门学徒中的比例占 22％。从 60 年代起，实科学校人数占中等各类学校人数的比重日益增加，1960 年为 13.46％，1970 年为 20.1％，1980 年为 25.29％。由此可见，实科学校在德国中等教育第一阶段中占核心位置。

20 世纪 60 年代中后期，完全中学经历了大规模扩充。1965 年完全中学学生总数为 95.79 万人，1975 年增加到 186.35 万人，1980 年增加到 211.80 万人。这样，完全中学从原来具有强烈选择性的英才教育机构转变为大众性学校机构，凡有志愿和能力去获得高校入学资格的所有阶层子弟，均可以进入完全中学学习。完全中学学制 13 年，是德国唯一跨越中等教育第一阶段和第二阶段的学校机构。1964 年《汉堡协定》规定，凡是达到 13 年级并提供高等教育入学资格的学校，使用"完全中学"这一名称。完全中学的前身是过去的文科中学，其主要职能也是提供高等学校入学资格。它的课程主要是为了学生将来在大学和高等学校里研修学术课程奠定基础，同时为那些不要求受高等教育但需要有较高教育程度的非学术性职业的训练创造条件。

完全中学包括三种类型：1. 人文主义中学，1900—1945 年为古代语言中学。2. 文实中学，1901—1937 年为现代语言中学，1945 年前为中学的语言分支。3. 实科中学，1901—1937 年为数学一自然科学中学，1945 年前为中学的自然科学分支。

20 世纪 70 年代以后，完全中学高级阶段加强了学术的个别化教育，课程结构划分得更加细致，取消了传统的班级组织制，改为学程制。学校采取必修课与选修课制度，扩大了选修课的范围，并开设特长课与基础课。经过 20 世纪 70 年代的改革，完全中学在结构上已经成为一个相对独立的阶段，完全中学的初级阶段和高级阶段已不再是一个不可分割的整体了。

联邦德国中等教育系统中还有一种重要的类型，就是综合中学。综合中学是 20 世纪 60—70 年代德国教育改革出现的新型中等学校类型。综合中学兼容主要学校、实科学校和完全中学的功能于一体，既想消除过早的升学选择和分流，最大限度地为所有儿童提供共同的基础教育，促进所有学生的智力发展，使各阶层儿童在同一类型学校中学会相互了解、相互尊重与合作，同时使各类学校有更大的沟通可能性，使更多的学生接受较高的教育。

综合中学有两类：一体化综合中学和合作式综合中学。其中，前者完全取消了三种类型学校组织形式，而后者仍然保留了原来三种类型中学的组织形式，只是沟通使用校舍和设备、交换师资、统一领导等。综合中学典型的标志是从低年级开始就实行分组教学，不可按能力分组和按兴趣分组等。目前，综合中学的学生人数占相应阶段学生总数的 5％，这只是因为综合中学还处于发展的起步阶段。

1990 年，原民主德国地区通过自由选举，与联邦德国统一，从而实现了德国在分裂 40 多年后的重新统一。统一后的德国教育制度和政策主要以原联邦德国教育政策为主。在中等教育学校制度方面，仍然包括主要学校、实科学校、完全中学和综合中学等机构类型。

第四节　美国现代中等教育制度

美国现代中等教育制度的渊源可以追溯到 19 世纪末的一份报告。美国公立中学学制 4 年，与初等学校 8 年制一起构成"8·4 制"。由于小学教育时间过长，中学时间过短，不利于儿童的学习和成长。1899 年，全美教育协会任命的"十三人委员会"提出创建 6 年制中学的建议。

同年，美国俄亥俄州建立了美国最早的初级中学，为美国学制改革提供了实践上的经验。1912 年，NEA 任命的"节省教育时间委员会"发表报告，支持 6 年制中等教育，并进一步建议把 6 年制中学分为 3 年制初级中学和 3 年制高级中学两段，原小学 8 年缩短为 6 年。这样，在随后的中小学学校改革和发展过程中，美国许多地区采用了"6·3·3制"的中小学学制模式。1918 年，美国新成立的中等教育改组委员会在其报告中建议，将"6·3·3制"的中小学学制模式作为美国公立学校教育的理想模式，强调中等教育必须面向所有适龄青少年，最能够担此重任的机构为综合中学。

　　二战后，美国教育面临诸多问题，原有教育体制无法解决教育机会不均等、教育中遇到的种族问题等。就中等教育而言，虽然大多数学校实行了"6·3·3制"，但是，初级中学在教学与课程实施上与高中并没有多大的区别，每天 6 节课，每节课 50 分钟，教师按学科分成小组，教学以学科为中心，教师以传授知识为主要任务，注重内容与知识的深度，初中毕业时，毕业仪式与高中生毕业时的仪式没有什么区别，头戴毕业帽，身穿礼服，举行毕业典礼和毕业舞会……

　　在这种情况下，中间学校的创建从制度上打破了初级中学的困境。中间学校有机结合了儿童中心教育思想与新教育技术，是在对 10~14 岁青少年的身心发展的重新研究和科学认识的基础上建立的中间层次教育。心理学的最新成果表明，10~14 岁青少年正处于人生发展的"过渡情境"期，即开始于青春期之前，贯穿青少年早期阶段。在生理、情感、智力、社会各方面处于剧烈变化的发展状态。传统初级中学的教学模式与指导思想已经无法适应新情况的需要，而通过创建新教育机构比试图修正旧学校更能导致快速而广泛的变革。中间学校的发展，使美国中等教育的结构与类型发生了巨大的变化，由新的中小学学制结构替代了过去中小学"6·3·3制"的结构：小学 5 年，中间学校 6~8 年，中学 9~12 年。中间学校在数量上的发展也突飞猛进，1966 年为499 所，1967 年为 4 060 所，1989 年为 7 957 所。

　　与初级中学相比，中间学校具有其特性：其一，为适应广泛的个别差异，以及儿童期与青年期之间的中间年龄层的特殊需要，提供适合的教育计划；第二，为促进从小学到中学的教育连续性，创造相应的学校阶梯的体制；其三，通过新的组织，可以在课程和教法方面进行必要的革新；最后，加强种族的联合，缓和城市学校过密和学生人数过多的社会和行政管理方面的矛盾。

实践表明，中间学校较好地完成了学制的衔接问题。中间学校为中小学生提供了交流情感和信息的共同的机会；给共同进行工作的教职员提供了接触的机会；使学生有相互访问的机会；使学生在更广泛的兴趣中学习。在教学组织中，中间学校可以使班级教学与分科教学有机地结合起来，采取有计划地逐步过渡的措施，使学生很容易地从初等教育过渡到中等教育。

第五节　日本现代中等教育制度

日本近代中等教育发端于 1872 年颁布的《学制令》，依照法国学制将全国分为八大学区，每一个大学区再分为 32 个中学区，每一中学区设立中学校一所，中学校接收小学毕业生，施予高一级的普通教育，分为上下等中学，完全单轨的"8·6·3制"。即小学 8 年、中学 6 年、大学 3 年。1879 年，日本又颁布了《教育令》，将小学分为初等科 3 年、中等科 3 年及高等科 2 年，修完初等科及中等科可以升入中学，故小学高等科与中学校前两年并行，使原来的单线型学制变成双元型学制。1886 年，颁布《中学校令》，把中学校分为寻常中学及高等中学校。高等小学 3、4 年级与寻常中学 1、2 年级平行，仍然为双元型。之后，1918 年，高等学校寻常科与普通中学前四年平行。

日本现代中等教育制度是在近代中等教育制度的基础上，经过二战后的教育改造和改革而形成的。由于日本是二战的战败国，且日本在二战前成为军国主义国家而且是二战中的侵略国家，当然与其教育有着密切的关系。因此，二战后，美国在肃清日本军国主义思想的同时，对日本未来的社会制度和教育制度提出了建设性意见。1945 年 10月 22 日，美国占领军总部向日本政府首先发出"关于日本教育制度的管理政策"的指令，其中包括教育内容、教育工作者、教学科目和教材三方面。

首先，关于教育内容方面的政策：①禁止军国主义及极端国家主义思想的普及，废止军事教育的学科和教练。②鼓励讲授和实践与议会政治、国际和平、个人的权利、集会、言论、信教等自由人权思想相符合的观点。

其次，关于教育工作者方面的政策是：①罢免职业军人、军国主义者、极端国家主义者以及积极反对占领政策人的教职。②恢复由于进行自由主义和反对军国主义活动和言行被解职的人的资格或职务。③禁止因人种、国籍、信仰、社会地位的不同而对学生和教职员采取差别待遇；鼓励他们持批判的理智来评价教学内容；允许他们自由讨论包含政治的、公民的、宗教的自由等各事项；使他们和一般民众了解占领军的占领目的和政策、议会政治的理论和实践、军国主义领导人及其合作者的罪恶。

第三，关于教学科目和教材方面的政策是：①虽允许暂时使用现存的教学科目、教科书和教学参考书，但必须删除其中的军国主义、极端国家主义的部分。②尽快准备以培养尊重和平责任的公民为目标的教学科目、教科书和教学参考书。③在迅速重建教育制度的同时，在教育设备不充分的条件下，应优先考虑初等教育和教师培养。

为培养尊重个人尊严、追求真理和爱好和平的人才，同时必须彻底普及旨在既有普遍性且富有个性的创造文化的教育。

为了明确教育目的和确立新日本教育的基础，根据日本国宪法精神，制定本法。

第一条（教育目的）　教育必须以造就人格为目标，培养和平国家及社会的建设者。即热爱真理和正义、尊重个人的价值、注重劳动和责任、充满自主精神及身心健康的国民。

第二条（教育方针）　必须在所有场合，利用一切机会实现教育目的。为此，应尊重学术自由，适应实际生活需要培养进取心，通过相互的敬爱与协作，努力为文化的创造与发展作贡献。

第三条（教育机会均等）　全体国民均享有与其能力相适应的受教

育的机会。在受教育上不能因人种、信仰、性别、社会身份、经济地位或门第等的不同而有所差别。国家及地方公共团体应对尽管有能力，但由于经济上的原因学习有困难者，必须采用发放奖学金办法，给予援助。

第四条（义务教育）　国民负有使受自己保护的子女接受九年普通教育的义务。

国家或地方公共教育团体设置的学校所进行的义务教育，不收学费。

第五条（男女同校）　鉴于男女应彼此敬重，相互协作，因此必须确认男女同校受教育。

第六条（学校教育）　法律所承认的学校具有公共性质。因此除国家和地方公共团体外，只有法律所承认的法人才能设立学校。

法律所承认的学校教员是为全体国民服务的，教员应自觉认识自己的使命并努力完成职责。为此，教员的身份应受到尊重，给予其适当待遇。

第七条（社会教育）　家庭教育、劳动场所以及其他在社会上进行的教育，需由国家及地方公共团体予以奖励。

国家及地方公共团体应通过设立图书馆、博物馆、公民馆等设施，或利用学校的设施及其他适当的方法，努力实现教育目的。

第八条（政治教育）　教育必须尊重作为有健全判断能力的公民所必需的政治教养。法律所承认的学校，不许为支持或反对特定党派而从事政治教育及其他政治活动。

第九条（宗教教育）　教育应有尊重有关宗教的宽容态度及尊重宗教在社会生活中的地位。

国家及地方公共团体所设立的学校，不许为特定的宗教进行宗教教育或其他宗教活动。

第十条（教育行政）　教育应对全体国民直接负责，不服从不当的支配。

教育行政要在这一自觉的基础上，以实现教育目的而建立和整备各项必要的条件为目标来开展工作。

　　第十一条(补充条款)　为实施本法所规定的各项条款，必要时得制定适当的法令。

　　本法自公布之日起实施。

　　《教育基本法》自颁布之日起到现在为止，一直是日本教育的基本理念和基本原则，是日本教育的根本大法。以此为基础确立的资产阶级民主教育体制，对促进战后日本教育事业的发展起到了重要的作用，并且推动日本教育朝着健康的方向发展。在《教育基本法》的基础上，日本又颁布了《学校教育法》，该法对日本学校教育制度的规定，体现了民主主义"教育机会均等"的原则，主要表现在：①学制单轨化。实行小学6年、初中3年、高中3年、大学4年的学制体系，即6·3·3·4学制。不论出身门第如何，只要有能力，任何人都有权利沿着这个阶梯达到学历的顶峰。②延长义务教育年限。实行小学和初中共9年的义务教育，这就意味着保证整个国民的普通教育水准最低达到9年。③男女同校。消除传统教育观念上的男女差别，女生不但有权利在同类学校中受到一样的教育待遇，而且有权同男子一样升入高中、大学，接受高等教育。④教育行政管理实行地方分权制，文部省只管高等教育，其他学校归地方管理。1947年4月1日实施《学校教育法》之后，日本着手建立新制初中和新制高中。这样，日本的中等教育制度不仅从理论上而且从实践上确立了单轨的中等教育制度，同时又有法律的支持和保障。

　　日本的初中与小学衔接，是九年义务教育中中等教育部分，学制3年，接收小学毕业生，且就近入学。《学校教育法》第三十五条规定："初中是在学校教育的基础上，适应少年期学生的身心发展，以实施中等普通教育为目的。"第三十六条又规定，为了实现这一目的，必须实现三项培养目标：①进一步充分实现小学教育的目标，并培养学生具有作为国家和社会成员所必备的素质。②培养学生将来在社会上从事职业所需要掌握的基础知识和技能、注重劳动的态度以及根据自己的个性选择出路的能力。③促进学校内外的社会性活动，对其思想情感加以正确引导，并培养公众的判断力。

日本的高级中学，处于中等义务教育和高等教育中间，是中等教育的重要组成部分，承担向高等学校输送合格生源以及为社会培养劳动者的双重任务。高中，学制3年，由于不是义务教育，所以只能接收部分初中毕业生。

《学校教育法》第四十一条规定："高中是在初等教育的基础上，适应青少年的身心发展，以实施高等普通教育和专门教育为目的。"相应地，其培养目标包括三项指标：①进一步发展和扩充初中教育的成果，培养国家及社会有为的成员所应具备的素质。②基于对社会必须履行自己使命的自觉，使之能够适应个性和未来的出路，并提高一般的文化教养，掌握专门的技能。③培养对社会具有广泛深入的理解和健全的批判能力，并努力确立个性。

日本初级中学属于义务教育的范围，所以，初级中学的承办者均为初中所在地的地方政府。但是，由于高级中学不属于义务教育范围，日本政府在大力发展高中教育的同时鼓励个人、社会团体等积极创办高中。在发展的过程中，日本高中形成了国立、私立、公立"三足鼎立"的局面。其中，主要为公立高中，占总数的75.9%，1989年为5 511所。

1947年建立新制高中后，高中发展奉行以下三个原则：为了消除学校类别和学科类别的不同所产生的不平等而实行"综合制"；为了消除男女之间的入学差别而实行"共学制（男女同校制）"；为消除因地区不同所产生的不平等而实行"学区制（小学区制）"。实施这三个原则的结果是：

第一，促进综合制单轨高中的发展。新制高中的建立，目的之一，就是要打破战前双轨制的中等教育体系，建立教育机会均等的单轨制高中。但是，由于高中的双重任务以及对旧有实业学校的改造，新制高中出现了普通高中、职业高中和综合制高中等类型。为了消除学校之间的差别，在1948—1949年间，日本对全国的高中进行了"综合化"改造。通过改造，使综合制高中的数量达到40%以上，普通高中的数量达到35%以上，职业高中只占总数的1/5，实现了预期的高中教育机会均等的目的。

第二，实施"共学制"，男女入学平等。由于战前日本中学校均实行男女分校入学的做法，导致男女之间存在入学率等许多方面的差别，即男子入学率大大高于女子，同时，形成男尊女卑的男女关系。为了消除男女分校所带来的性别歧视等问题，战后日本实行男女同校的共学制政策。从1949年起到1989年，日本男女同校实现率为81％。到20世纪80年代，女子入学率均达95％以上。

第三，大学区制和中学区制替代"小学区制"。战前，日本仿照法国学制，建立大学区、中学区和小学区。小学区制，每一小学区设立一所高中。由于初中的义务教育化和入学人数的增加，导致小学区一所高中无法满足入学者的需要。因此，小学区制被中学区制（一学区内设立2～6所高中）和大学区制（一学区内设立7所以上高中）所替代。

由于高中发展的各方面优惠政策，战后日本高级中学获得了很大的发展。从1950年到1989年，日本高中的入学率发生了巨大的变化，1950年为42.5％，1955年为51.5％，1960年为57.7％。1970年为82.1％，1980年为94.2％，1989年为94.7％。

第三章 世界中等教育目标

第一节 世界中等教育目标的理论分析

(一)中等教育目标界说

如前所述，教育目的与教育目标是两个有区别的概念。教育目的是社会对教育所要造就的个体的质量规格的定性规定。教育目标是根据人与社会发展的需要，对教育活动所规定的目的、方向、要求和结果所应达到的标准、规格和状态的定量规定。教育目的与教育目标的共同之处，即它们对教育活动具有指导和推动作用，其区别在于，教育目标是教育目的的具体化，"你能测量目标，但不能测量目的"。教育目的是我们教育行动的哲学力量，它是我们教育行动的先验本质。教育目标是指"学习者结束学习过程时的'可观测的行为变化的具体结果'或'可评价它的实现程度的学习结果'"①。

因此，中等教育目标是教育目的在中等教育领域的具体化，即根据这一领域教育对象的特殊性以及社会对其将成为什么样的人的规定而确定中等教育目标。

教育目的只是对教育培养人作一般的方向性的规定，日常的学校和课堂中的教学实践无不直接受教育目的的支配，因此，教育目的必须加以具体化，使之成为同课程的构成计划、教学实践、教育评估活动有直接关系的教育目标。因此，可以说，教育目的是制订教育目标的依据，教育目标是教育目的的具体化，从这个意义上讲，中等教育目标就是教育目的在中等教育方面的具体化，我们只能讲中等教育目

---

① 钟启泉编著. 现代课程论[M]. 上海：上海教育出版社，1989. 04：296—297.

标，而不讲中等教育目的。中等教育目标的制订，从理论上讲，仍然服从学校教育目的总体目标的对人才培养的要求。

近代以来，对教育目的的探索导致了种种不同的教育目的的价值取向的模式，归纳起来，有下面几种经典的提法：

1. 造就"自然人"的教育目的。以卢梭为代表，教育目的培养"自然人"而非公民，自然人就是完全为他自己而生活的绝对的统一体。与"自然人"相一致的具体化的教育目标为：①自爱；②自主；③自立；④自制。

2. "完满生活"的教育目的。以斯宾塞为代表，即使个人在现实社会中完满地生活，与此对应，斯宾塞提出了中学教育目标：①自我直接保存活动；②自我间接保存或获得生活；③子女教育活动；④社会政治活动；⑤休闲或趣味及情感之满足活动。

3. "社会本位"的教育目的。涂尔干从社会学角度出发，认为：教育目的所培养的人的能力应该适应社会分工的需要，教育目的在于"使儿童的身体、智力和道德都得到某种激励与发展，以适应整个社会在总体上对儿童的要求，并适应儿童将来所处的特定环境的要求"。简言之，"教育在于使年轻一代系统地社会化"。每个个体具有双重人格："个体我"与"社会我"。"塑造社会我，这就是教育的目的。"

(二)中等教育目标的理论分析

最早从理论上系统研究中等教育的学者是美国的殷格利斯，他于1918年出版了一本名为《中等教育原理》的专著，并在书中讲述了中等教育的目标。

1. 社会公民目标。未来公民之准备以及社会合作之成员，这就需要培养学生的社会意识、社会责任感以及社会参与的积极性及相应的知识、态度、能力、行为等。

2. 经济职业目标。培养学生成为未来的劳动者或者生产者所具备的素质，包括知识、技能、对生产劳动的积极态度以及自我选择适应自己兴趣的职业的能力。

3. 闲暇教育目标。在工作以外的闲暇时间，如何安排生活，如何休闲，也对中等教育提出要求，培养广泛兴趣，形成健康向上的娱乐态度，发展完善自我的个性。

殷格利斯认为，上述目标构成中等教育理论上的总体目标，在这里，每个个体培养的结果，既是社会的公民，又是生产的劳动者，也是相对独立的自我的个人。

同样，美国中等教育改革委员会通过调查分析，提出了中等教育七大目标：①促进健康。社会与个体的生产效率与生活质量取决于身心健康，因此，中等教育目的之一，即为促进个体身心健康，包括健康知识教育、好的健康习惯以及促进健康三种态度。这一目标融于所学的学科之中。②通晓为获得事业成功所必需的基本方法的知识和技能，包括读、写、算等广泛领域。③家庭优良成员的教育，学会如何与别人保持最大限度的合作与技巧。④用以提高经济效率的个人职业能力、职业知识以及对生产劳动的积极态度。⑤公民教育。作为社会公民成员，公民教育主要培养个体在邻居、城镇、城市、州与国家中的良好行为，给予其理解国际问题的基础知识。好公民应具备这些品质：热衷于所属福利事业；忠于公民权利的理念；拥有社会代理机构的实际知识；对促进社会事务中的合作行为等。⑥用伦理观念指导的闲暇的有效利用。随着工作日的缩短，闲暇时间的增多，因此，培养学生很好利用闲暇时间，通过文学艺术、社交、旅游、影视来充实精神生活，提高自我知识文化水平，完善个性。⑦培养高尚的道德品格。在所有学科中都强调参与精神，学习积极态度，精诚合作等。

美国学者博比特在其《如何编制课程》一书中把中等教育目标归为十个：①语言及社会的传达活动；②健康活动；③公民资格活动；④一般社会活动；⑤消遣活动；⑥保持个人心理适度的活动；⑦宗教活动；⑧双亲活动；⑨非专门或非职业的实务活动；⑩个人职业活动。

1952年，道格拉斯在其《美国青年生活适应之中等教育》一书中分析综合了前人所提出的中等教育目标后，提出下列中等教育目标：

（1）培养公民资格：培养个人参与家庭以外的社会团体（如社区、邻居、娱乐场所、公共场所、工作团体等）活动所应有之知识、观念、习惯、技能、理想、态度和兴趣。

（2）培养职业方面的素质：培养学生择业与就业所具有的知识、概念、习惯、技能、理想、态度和兴趣。

(3)培养休闲的知识与能力。

(4)培养家庭生活方面的知识与能力，包括夫妻关系、子女关系、家庭消费、家庭礼仪、家务处理等方面。

(5)培养身心健康的知识、技能。

综合上述各种中等教育目标的阐述，尽管各专家学者分类繁简不一，所用术语概念有分歧，分类方法不一致，但是，各家的看法却大同小异，依其出现频率多少而列序如下：①培养公民资格；②培养良好品德；③促进健康；④培养职业知识与技能；⑤培养思考能力与科学态度；⑥培养休闲知识与技能；⑦培养家庭生活知识与技能、态度；⑧培养审美能力；⑨发展人际关系；⑩培养生活知识与技能；⑪培养劳动习惯；⑫身心健康的知识与能力。

我们又可以依据同一标准把上述的目标合并为下述结构图：

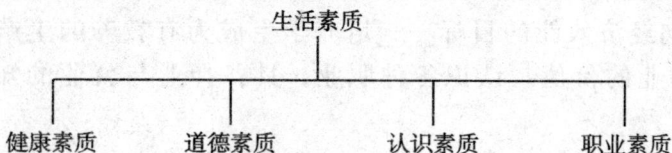

中等教育也是一种素质教育，其综合目标可以归纳为生活素质，这里，生活包括下述两个维度的含义：①生活是过程，是终身的，教育为生活，也是为终身的生活呈现在某个点、某个时期、某个阶段，因而生活既是现实的，富于时代感的，又是永恒的，没有终点的。②生活的领域极为广泛，从个人生活、家庭生活、社区生活、工作生活到世界范围的全球域的社会生活。而素质则是当代教育目标导向的新方向，即以人的先天禀赋为基础，在环境和教育的影响下形成和发展起来的相对稳定的身心组织的要素、结构及其质量水平。

第二节 世界中等教育目标的政策分析

从理论到实践的过程中，政策与决策是一个极为重要的环节。政策制订的教育目标往往是教育实践的总的纲要与指导思想。它是教育研究专家、教育行政部门官员以及教育一线工作者共同研讨调查工作的结果。如果说，理论的假说或设想只代表某派某学者单个的思想，那么，政策制定出来的教育目标更代表符合现实时代的集体的大众的心愿，更接近实践的层面，因而更有分析研究的意义与价值。这里主要以美国为个案，来作政策分析。

1938年，美国教育协会成立的教育政策委员会提出了一份名为《美国民主教育之目标》的报告，其中归纳出美国中等教育的四大目标：

1. 培养学生自我实现的目标——包括读、写、算、观察、倾听、说话、求知欲、娱乐、智慧活动、审美以及品德修养等方面的素质涉及态度、能力、知识、行为习惯等。

2. 导向良好人际关系的目标——成为有教养的家庭成员，在人际交往中发展良好的人际关系。

3. 导向经济效能的目标——培养学生成为有教养的生产者及消费者，珍视职业的价值，认识各种职业，具备择业与就业的知识、技能与态度。

4. 培养学生成为良好的公民——培养学生的社会正义感、判断力、容忍心、接受公民政治责任的意识、守法遵法的行为习惯、民主信念、应用科学促进社会进步的能力、爱护公物的心态以及世界公民。

1944年，美国中学校长协会为研究改进中等教育，组成一个"生活适应教育委员会"进行研究调查，提出一份报告——《为美国青少年而规划》，列出十项"中学年龄青年之基本需求"作为中等教育的目标：

1. 获得职业方面的知识与技能、兴趣，使之明智且有生产力地参与经济生活。

2. 促进身心健康，培养学生的卫生习惯、体育运动及休闲能力。

3. 培养公民资格，使之了解民主社会中公民的权利与义务，并乐于承担公民的责任，进而成为社会的良好分子，国家的好公民以及世界的好公民。

4. 获得家庭生活的素质，包括与家庭成员相处的知识、处理家务、择偶、养育子女以及家庭开支预算等方面的知识与能力。

5. 培养购用财物及服务的知识与能力，使青年能了解如何明智地去购物及利用各种服务，能了解消费者所得到的利益与其行为对经济的影响。

6. 培养科学知识与方法，使青年能了解科学方法、科学对人类生活的影响及有关人类与自然界之重要科学事实，并培养青年有分析问题、归纳概括、精密思考、分辨是非及客观判断的能力。

7. 培养审美的能力，包括对文学、艺术、音乐及自然美的欣赏能力与创造力。

8. 培养善于利用闲暇时间，即明智有效地计划及利用闲暇时间，以使个人的生活更为充实。

9. 形成尊重他人与遵守文明规范的行为习惯，成为一个有良好道德品质的人。

10. 训练思考力、表达力、听说读写的能力。

1968 年，一个由美国中学行政人员组成的课程目标研究委员会提出一篇名为《中学的任务与目标》的报告，提出了中等教育四大目标：

1. 促进个人之发展与自我实现。培养学生能具备思考力、读写算技能、维护身心健康的能力，学习追求知识的动机、对艺术科学及人文的广泛兴趣、良好人际关系的能力、有效利用闲暇的能力，以最终达到自我实现。

2. 发展社会责任感与人际关系。培养学生能尊重他人的人格尊严与价值、能尊敬了解其他民族与整个世界文化、建立良好的与家庭成员、与同学、与教师、与他人的关系。

3. 培养公民能力与责任感。让学生能了解国家的政府与政治、公民的权利与义务、他国的政府形态及文化与国与国之间共同促进人类和平及福祉的关系，培养尊重法律及爱国家爱民族爱社会的态度。

4. 获得职业经济的素质。指导学生选择适应自己的职业、能了解职业所需的条件和机会、能负责任地处理本身的财务、能发展有效的工作习惯和态度、能有与别人分工合作的能力、有维护及善用自然人力资源的责任感。

1972 年，美国凯特林基金会为研究制订中等教育的改革方案，特成立一个"全国中等教育委员会"来研究中等教育改革问题，其成员涉及各界人士，极具代表性。1973 年提出研究报告《中等教育改革》，该报告提出了中等教育目标，分为内容目标与过程目标：

1. 内容目标

(1)培养沟通技能。

(2)培养计算技能。

(3)培养客观思考能力。

(4)培养职业能力。

(5)培养科学认识自然与环境的素质。

(6)培养对经济的认识能力。

(7)培养公民责任感。

2. 过程目标

(1)认识自我的素质。

(2)了解与理解别人。

(3)适应变迁的态度与能力。

(4)尊重法律、维护法律的知识与行为。

(5)分辨是非价值观念的能力。

(6)欣赏人类成就的态度、知识与能力。

80 年代，卡内基教学促进基金会参考了古德莱德的《一份对学校教育的研究》，提出了中等教育的目标：

1. 发展批判性思维能力与广泛的智慧。

2. 有效的交际能力，充分运用语言达到人与人之间的有效和谐的交往、交流。

3. 科学知识与科学态度培育。

4. 文学艺术以及人文的知识与文化的习惯。

5. 身心健康。

6. 国家公民。

7. 职业技术。

根据上述的关于美国中等教育的目标的政策层面的情况，兹分析如下：

其一，美国的教育一直受到各种政策部门的关注，其目标也是每次政策调查研究的重要内容之一，战后几乎每个时期均有关于中等教育目标的新的政策报告。这同样反映了中等教育随社会政治经济科学技术文化的变化，在政策上及时调整中等教育目标的立场。

其二，从美国战后不同时期的中等教育目标的总的情形看，虽然其数量、其分类、提法各不相同，但就其总的要求的面而言是一致的，即符合中等教育目标的理论界说，从学生发展出发，对其身心健康、认知、品德、职业与劳动、休闲能力等形成影响。

根据联合国教科文组织 1986 年巴黎会议报告《发展和改进中等教育》，来自 80 多个国家的关于中等教育目标的陈述，从宪法、立法或其他政策报告中提出的具体规定，与以美国为方案的中等教育目标相吻合，可概述为下述几方面：

1. 保证学生的智力培养，发展其批判精神、判断能力、明确的表达能力、思考和逻辑推理、综合、理性思维和抽象思维的能力；激发创造性，发展求知欲与自学的能力。

2. 形成学生的关爱之心、人道主义精神，尊重他人和他国人民、尊重人权和基本自由，倡导自由精神和正义感，倡导爱护环境、自然与文化遗产；发扬爱国主义、民族情感、国际主义以及培养公民资格。

3. 促进美学鉴赏，培养从事艺术创作以及文化生活的素质基础。

4. 身心健康发展所需的知识、行为习惯、技能。

5. 职业与就业的能力，为社会经济发展服务的能力与态度。

中等教育目标的变化和发展，反映了世界中等教育的发展。从古代的贵族式中等教育，发展到近代的双轨制中等教育，再发展到现代的综合制中等教育，均是因为各国中等教育目标的变化在学校体制上的反映。

第四章　世界中等教育的教学工作

第一节　传统教学的主要问题及个性化教学的出现

　　教学，是教师借助课程、教材，引导学生按照明确的目的，循序渐进地掌握一定的知识、技能、态度的　种教育活动过程。从学校全部工作的比重看，教学工作所占的时间最多，涉及面最广，对学生发展的影响最全面，对学校教育质量的影响最大。由此可见，教学是教育活动的核心。

　　自从夸美纽斯论述了班级授课制以后，班级授课制就逐渐成为世界中等学校课题教学的主要形式。班级授课制在普及中等教育上起了很大的作用，但是在数量上的普及过程中，也暴露了其质量上的问题。

　　在传统教学中，使用统一的课程与教学方法，以学生"静听"为基本的教学，教材中心，课堂中心，教师中心，考试中心，其结果，学生只能被动地吸收，学生依附于教师，教师是教学活动的权威，他并不研究学生的心理，也不观察学生的心灵变化，而是消极地对待学生，机械地使学生集合在一起，一刀切地实施教学。如同杜威所言："概括地说，重心在儿童以外。重心在教师、在教科书以及在你所喜欢的任何地方和一切地方，唯独不在儿童自己的直接的本能和活动。"

　　圣弗朗西斯科州立师范学校的校长弗里德里希·布克博士的论文《诊治锁步学校教育》，描述了他们的所作所为及其原因。他对传统班级系统的批判是非常的尖锐：

　　班级系统被制造成为军事系统，其构造建立在以下的假定的基础上：一群"心灵"的成长可以以相同的方式被整顿和控制。

　　20世纪早期的教育背景使得"学习步调"成为个性化学习方法的焦

点。学生完成标准课业的速度，结果成为其进步的初步标准。这一标准反映了正在增长的趋势：每日经验转化成为可测量的单元。这预示影响教育实践的行为主义理论的到来。

假定小班能够使教师提供更多的个性化教学给那些无法适应传统学校教育的学生。但是，小班并不能确保个性化教学策略的落实。个性化教学包含师生互动和学生与资源互动的因素。它要求教师必须对当代认知科学的基本原理有所理解。

20世纪初，随着现代教学实践中的各种问题的出现以及心理科学对儿童的个性心理研究的深入，个性化教学相应在教学实践中得到尝试。它们的共同特征就是学习活动的个别化处理。战后的个性化教学的发展发端于美国而遍及世界各地。从程序教学、个别化视听教学到计算机辅助教学；从个别化规定教学、个别化指导教学到个人化教学系统等，均是个性化教学的实践模式。

个别教学特指师生之间以一对一的方式进行的教学结构。《中国大百科全书》对个别教学的解释为：教师分别对个别学生进行教学的组织形式。与班级教学（或集体教学）相对。中国和欧洲古代学校主要采用个别教学的形式，学生的年龄和知识程度都不相同，无固定的修业期限和上课时间，教师分别对个别学生进行不同内容的讲授，教学效率很低。历史地看，个别教学对于世界各国教学与教育作出了很大贡献。工业革命以后，班级授课制的发展，使得个别教学慢慢地不占教育实践的主导教学模式。

但是，个性化教学，就其实质来说，意味着寻求各种不同的变体和途径，借以按照各种不同的个人特点去达到一般的教学目标。因此，个性化教学并不是教学的一种形式，而是可以运用各种形式去实现其个性发展教学目标的结构。个性化教学可以运用个别教学、小组教学和班级教学等教学组织形式，它并不拘泥或局限于某一种教学组织形式。

个性化教学与个性发展的关联性，早在20世纪初苏俄的教育文献中就已有精辟的见解。10月革命胜利后的苏维埃俄国教育委员会在其制定的《统一劳动学校基本原则》中指出："尽可能充分地进行个性化教学，是革新了的学校的一项极其重要的原则。个性化教学指的是教师要分析每一个学生的爱好和性格特点，应当是学校所教内容和所提要求尽可能符合学生个人的需要……在社会主义文化中，革新仍然是非常重要的。但是，这种个性只有在平等的和谐一致的社会里才能最完善地发展自己的禀赋……社会主义的教育原则是要把努力培养集体意识同灵活的个别化结合起来，最终做到，每个人都以能发挥自己的一切才能为整体服务而感到自豪。"这种论述与前述中的"平民化自由人格"的教育目的是一致的。

最后，我们归纳一下个性化教学的基本内涵：

其一，个性化教学是中等教育的理想的教学形态，个性化教学就是所有适应并关注每个学生个性发展的教学，唯有个性化教学才能实现中等教育的目标和达到中等教育的目的。

其二，个性化教学是集个别、小组、合作、集体等多种形式为一体的教学模式，它既不等同于个别教学，也不抛弃或反对班级教学。

其三，个性化教学不拘泥采用什么样的教学形式进行教学，它关心的是教学过程中学生学习的积极性和自主性，教师在教学过程中如何尽可能多地与学生进行平等的交互作用。

其四，从现时代的特点看，个性化教学还强调尽可能借助现代化的教育教学辅助手段，来促进和发展学生的自由个性。

第二节　世界中等教育的教学模式

（一）掌握教学模式

英国自由主义经济学家哈耶克指出："文明始于个人追求其目标时能够使用较其本人所拥有的更多的知识，始于个人能够从其本人并不拥有的知识中获益并超越其无知的限度。"[①]但是，个人对于诸多有助于

---

① 〔英〕弗里德里希·冯·哈耶克. 自由秩序原理[M]. 三联书店，1997：19.

实现其目标的力量往往处于必然的无知状态。从儿童的发展出发，这种状况就要求我们的教育必须借助人类文明中所积累的知识实现儿童"从无知向有知"的转化，即"以经验之所得还治经验"，"以得自现实之道还治现实"。儿童要认识世界和认识自己，就必须借助前人积累的知识。人的认识过程和发展过程始于知识的学习，作为主体的儿童，必须得自经验、得自现实之道，才可能扩大和加深对世界和自己的认识。人的认识过程和学习过程同样是一个吸收外界刺激并使之成为自身之一部分的同化过程。在知识的同化过程中，作为主体的儿童"我"，利用其自身原有的观念吸收、消化新的知识，使新知识成为自身原有知识中的一部分，使原有的知识观念得到不断的丰富和发展。

在这里，"知识"是一个广泛的概念，它包括人类文化中符合儿童心理逻辑的诸学科（语言、数学、自然科学、社会科学、人文科学等等），以及个人的经验、体验和感受等。根据当代学习心理学的研究，广义的知识可以分为三大类：

1. 陈述性知识：回答"世界是什么？""人是什么？"问题的知识。它是以命题、命题网络和图式为表征方式的言语信息，儿童学习陈述性知识也就是获得有意义的言语信息。

2. 程序性知识：回答"人的心脏结构与血液循环有什么关系？""人为什么要活着？"问题的知识。它以产生式和产生式系统为表征方式的智识技能，儿童学习程序性知识就是为了获得顺利完成某种智识任务或身体协调任务的能力。

3. 策略性知识：学习者用以支配自己的心智加工过程的内部、执行控制过程的内部组织起来的技能。儿童学习策略性知识是为了获得听、说、读、写、操作、解决问题等方面的认知策略。

在这里，笔者把陈述性知识称为基础知识，把程序性知识称为基本技能。"学会认知—知识主体"的建构是基于上述两种知识而言的，即掌握教学，通过对知识的获得与掌握，成为知识主体，不断达到对世界和自己的认识。而策略性知识的学习是通过与学科教学有机结合进行的，它贯穿在个人学习成长的"转识成智"和"化智为德"的整个过程，它有其特殊的意义，笔者在下一节将专门论述。

此外，我们还必须明确这样一个观念，尽管儿童在获得和掌握知识而必然使其知识不断增长并使儿童感到得意和自豪，但是，在儿童知识增长的同时，并不意味着儿童的无知范围在逐渐缩小。因为伴随知识增长的同时，儿童认识范围也在不断地扩大。由于我们关于世界和自己的"知识的增长会恒久地向我们展现新的无知领域，所以我们依据这种知识而建构起来的文明亦会日呈复杂和繁复，而这也就当然对我们在智识上理解和领悟周遭世界时造成新的障碍。人类的知识愈多，那么每一个个人的心智从中所汲取的知识份额亦就愈少。我们的文明程度愈高，那么每一个个人对文明运行所依凭的事实亦就一定知之愈少。知识的分工特性，当会扩大个人的必然无知的范围，亦即使个人对这种知识中的大部分知识必然处于无知的状态"①。

哈耶克道出了信息化社会的知识增长的本质，这种状况正是学习化社会形成的使然和必然。尽管掌握教学旨在使学生获得和掌握知识，但是，它只是全人格教育的一个环节，掌握知识不是教育教学的终极目的，掌握知识的目的是为了"以得自现实之道还治现实"，是提高自我的自觉性，是内化成个人的能力和创造性，进而提升为主体的德性。

个别化掌握教学模式是美国著名心理学家本杰姆·S·布卢姆在美国心理学家卡罗尔、布罗克等人的基础上发展而来的。

20世纪60年代，卡罗尔建立了他的学校学习模式，这一模式是以两个与个性化教学目标相一致的假设为基本前提的。第一个假设，如果学生某种学科中的能力或性向呈正态分布，同时提供与个别化特征相一致的适当教学外，大多数学生能够很好地掌握这门学科，并且学习将有戏剧性的变化。第二个假设，假如一个学生没有花费足够的时间学习一项内容，那么他就不可能掌握它。但是，学生需要完成同一学习任务的时间不一样。因此，给予每个学生充分的时间，则每个学生都能在其能力范围内的学习层次上取得成功。卡罗尔指出，在传统的学校教学中，学生的能力倾向决定了学生的学习，能力倾向高的学

---

① 〔英〕弗里德里希·冯·哈耶克. 自由秩序原理[M]. 三联书店，1997：25.

生能够学习复杂的教材，能力倾向低的学生只能学习最基础的教材，因此，学生就被分成优生与差生。根据上述假设，所有的学生都具有学习的潜在可能性，只是所需要的学习时间不同，这样，学生学习的差异不是优劣之分，而是快慢之别。在卡罗尔的学校学习模式中，他提出了影响学习的五种变量：

（1）学习毅力，学习者在学习中坚持性的品质。

（2）学习机会，学习者在学习中具有的服务于学习的各种环境的综合。

（3）能力倾向，学习者学习时所表现的能力偏向性，往往一个学习者的能力倾向与其学习兴趣、学习态度相一致。

（4）理解能力，学习者对教学的理解、领悟与把握等方面的能力。

（5）教学质量，教学活动所实现整体教学目标的程度。

卡罗尔经过25年的研究，就上述五种教学变量如何影响教学以及在多大程度上影响学生的学习作了一个初步的小结：①在最理想的学习条件下，能力倾向变量决定学生学习给定教学任务所需的时间量。②根据学校时间表，允许学生学习的机会或时间量并没有根据学生的能力倾向来安排。③学生愿意在学习上的时间量（学习毅力）很大程度上受学习动机的制约。④教学质量提高，学生所需时间减少；教学质量下降，学生所需学习时间增加。⑤在某种程度上，学生缺乏理解教学的能力，这就导致需要学习时间的增加。

美国学者罗伯特·斯莱文认为，在影响学习的五大变量中，提高教学质量是实现教学目标提高学习程度的关键。因为教学质量高时，大多数学生在学习时间和速度上趋于相似。因此，掌握教学的关键就是教师努力提高其教学技巧，并且具有区分学生学习快慢的能力，提供个性化教学而使学生达到教学目标的要求。

在卡罗尔学校学习模式的基础上，美国心理学家布卢姆提出了修正的学校学习模式。布卢姆在实验的总结中认为，只要提供学生"适当的学习条件"，90％的美国公立学校的学生能够在同一层次上掌握所教学科，只是这90％的学生中，约有20％的学生需要多花费10％～20％

的学习时间，而20％的学生可以少花费10％～20％的学习时间。所谓掌握学习，就是要求任何教师都能帮助所有的学生很好地学习，既能帮助"慢生"又能帮助"快生"很好地学习，使他们获得各个方面的发展。掌握学习是一套有效的个性化教学实践，采用个别的、小组的与集体相结合的形式进行，由教师与学生共同掌握教学的进度。为了实现所有学生掌握学习的教学目标，布卢姆把"适当的学习条件"具体化为影响学习的三个变量，即"三大教学变量"：先决认知行为、先决情感特点和教学质量（见图4—1）。

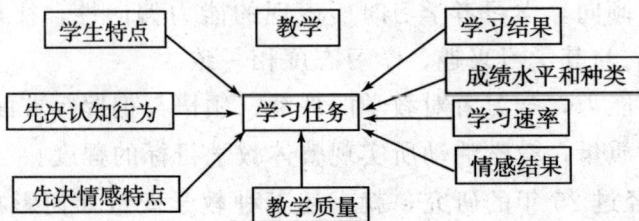

图4—1　布卢姆的学校学习模式

1. 先决认知行为

先决认知行为，是指今后学习的前提——学习者掌握了多少基础知识，以及学习者的能力倾向等。布卢姆认为，先决认知行为在学生的学习中起50％的作用，缺乏这种前提特征的教学只能是不打地基盖房子，没有支撑点。德国科学教育学的奠基人赫尔巴特曾经使用统觉论来解释知识的学习。他认为，学习过程是新观念进入原有观念团内，使原有观念得到丰富和发展，从而为吸收新观念作好准备的统觉过程，即原有观念同化新观念的过程。瑞士儿童心理学家皮亚杰用这一观念解释儿童的认知发展。美国认知教育心理学家奥苏贝尔在其有意义的言语学习理论中指出，在新知识的学习中，认知结构中的原有的适当观念起决定作用。这种原有的适当观念对新知识的学习起固定作用，故称这种观念为起固定作用的观念。这样，教师在进行教学活动时，第一步就是要求教师在进行知识的教学之前，先诊断学生的知识的原有水平，然后才能够对症下药地提供适应学生学习的学习任务。学习任务，也就是指一门课程中的一个学习单元、教科书中的一个章节或一个科目中的一个专题。一般地，一个学习任务要花费1～10个小时来学习。布卢姆认为，绝大多数学习者在有准备的情况下都能够完成学习任务。

一般地，一个学习任务又可以分解为几个小的学习单位，从知识的逻辑关系与学习者的学习心理出发，小的学习单位是按照先后次序安排的，前一个学习单位是后一个学习单位的必要学习。但是，教师在诊断学生的先决认知行为时，具有三种不同的情况：

(1)在连续的学习任务中，可以说是相对容易诊断学生的先决认知行为。因为在按顺序排列的连续的学习任务中，每个学习任务中都包含了以后的学习任务所需的先决认知行为。

(2)在一门课程的学习开始时，先决认知行为的诊断有些困难。因为往往教材的编写更多的是考虑知识的逻辑顺序，而很少考虑学习者的心理逻辑。

(3)学习者的原有的学习过的知识并不可能都成为其后继学习的先决认知行为。

但是，对于每个学习者来说，其先决认知行为总是在不断地积累的。根据奥苏贝尔的理论，假如学习者不具备先决认知条件，可以通过提供先行组织者，使学习者具有学习新知识的先决认知条件。

2.先决情感特点

所谓先决情感特点，指的是学习者对所学课程所持有的情意、态度、兴趣、信心等非智力因素的总和。除了先决认知行为在学习者的学习中起关键作用外，学习者的先决情感特点也起重要作用。不同的学生对于其所学习的科目有不同的态度与偏好。有的学生把学习当做一种愉快的事情；有的学生把学习看成是自己的义务；有的学生把学习看做一种负担。同一个学生对于不同的学习科目也有不同的态度与兴趣，可能很喜欢学习语言，却讨厌学习数学，可能具有功利地重视某一学科的学习而轻视某一学科的学习。

这种先决情感特点对于学生的学习成绩有着决定性的影响。那些带着兴趣与热情去学习的学生，其学习效果自然比那些对学习毫无兴趣的学生的学习效果更好，成绩更高。布卢姆认为，这种先决情感特点在学生的学习中起 25％的影响力。而这种情感组合的影响力既与学生以前的经历相关，又与他在某一学科的先前学习有关。只要在教学过程中使学生始终感到自己有学习的能力，能够体验到学习的成就感，那么，他就具有后继学习的情感基础。

3. 教学质量

教学质量指的是，对于学习任务各要素的表达、解释和顺序安排是否适合学习者的学习程度。由于教学质量是在学校与教师的直接控制下发生变化的，因此，教学质量对于学习者的影响力主要取决于教师的素质。一个高素质的教师往往在教学的学科知识、教学技能和教学态度方面具有自己的独特性。布卢姆认为，一个有经验的教师，对学生所学的知识只给一些提示，保证学生通过参与，积极地专心于学习过程，再给学生强化。在这种教学条件下，从教师和学生的相互作用的影响中，可以很明显看到教学的三个特点：提示、参与、强化。提示包括准备学什么和学生在学习过程中怎样学的指导；参与包括学生积极主动学习以及对学习作出的反应；强化包括学生在学习过程中的收获或得到强化的激励。

教学质量的提高可以克服学生在其先决认知行为上的不足。通过教学质量的保证，可以通过学生学习新知识的先决认知行为，或者提供与学习者原有知识相一致的新的学习任务。此外，提供运用反馈与矫正的方法，可以克服学生在学习过程中的消极情绪。对于那些学习能力较弱的学生来说，教师的教学态度尤为重要。

掌握教学模式是围绕单元教学展开的。在教学之初，先对学生的先决认知行为、先决情感特点进行诊断，然后施以与学生特点相一致的学习单元。当学生掌握了学习单元的任务后，教师可以根据他的学习情况设计新的学习单元。当学生没有达到教学要求时，教师需通过补救或矫正的方式，使其达到掌握学习的目的。这样，掌握教学形成了一个依次递进地基单元教学系列（见图4—2）。

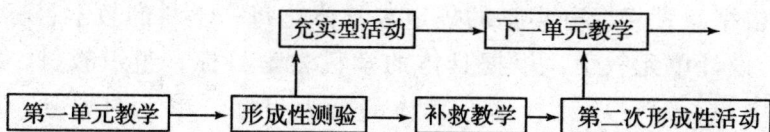

图4—2　掌握教学的过程

根据掌握教学的过程特征，便可以对掌握教学进行设计，主要考虑教学的基本步骤。布卢姆把教学步骤分为教学目标的确定、设计单元教学、教学评价的开发、补救教学与充实活动的设计（见图4—3）。

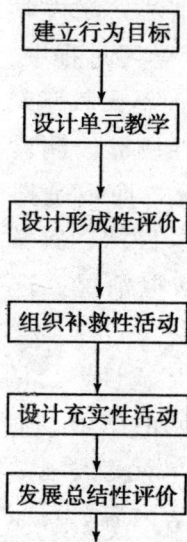

图4—3　掌握教学的基本步骤

（1）建立行为目标。布卢姆认为，清晰而确切的教学目标，是掌握学习的前提，也是后继评价的标准。布卢姆对教学目标进行了系统的研究。根据其教育目标分类学，教育目标分为认知领域、情感领域和心因动作技能领域。认知领域的教育目标由低到高共分为六级：知识、领会、运用、分析、综合和评价；情感领域的教育目标由低级到高级分为五级：接受（注意）、反应、价值化、组织、价值与价值体系的性格化；心因动作技能领域的教育目标分为七级：知觉、定向、有指导的反应、机械动作、复杂的外显反应、适应和创新。布卢姆认为，教师应该根据教育目标分类学的规定来具体化每一学科的教学目标。

（2）设计单元教学。根据具体的学科教学目标，组织教材，以单元教学为中心，每一单元教学有具体的行为目标。单元的划分，应依据教学内容而定，一般按章节划分，也可按教学时间划分。一般是两周为一个单元教学时间，这一步实际上是掌握学习的准备阶段。

（3）展开教学活动。教学活动是在班级的群体中进行的，但是，为了使每个学生达到掌握学习，教师必须实行中等教育的教学，通过对学生的先决认知条件、先决情感特点的诊断，施以必要的准备知识，并鼓励帮助学生树立学好的信心，激发学习动机，使学生能够积极主动地热爱学习，并贯彻到整个学习过程中。

（4）设计形成性评价。在一单元教学结束后，要知道学生是否达到掌握学习，就必须进行形成性测验。测验是形成性的，即只反映学生自己在学习过程中的进步状况，而不是把测验结果与其他学生进行比较。测验的题目编制是与教学目标、教学单元相配套的，目的是为了及时诊断在本单元学习中的掌握情况。这个诊断需要在学习内容的广度与深度上都能反映目标。

（5）进行补救教学。根据形成性评价的结果，凡是对测验掌握80%的学生就可以进入下一个单元的学习。而那些未达到要求的学生，必须进行补救教学，通常一个单元教学必须给予一个课时的补偿学习。矫正学习不是简单地重复教学内容，可采用多种方法进行，尽可能根据学生特点进行补救教学。

（6）设计充实性教学活动。对于那些达标的学生，则给予充实性教学活动。通过更为广泛的与其特点相一致的充实性学习，使学生得到更全面的发展。

（7）发展总结性评价。在一个学期或学年结束时，就每门学科的学习必须进行总结性评价。一般来说，一个学生参加考试后，教师所评定的分数是总结性的。这种总结性考试的成绩和被用来评定学生对学习内容掌握的程度和达到课程目标的程度。

掌握教学在实践中有一套严格的实施办法，一方面是在实验的基础上总结出来的，另一方面又在实践的基础上不断发展与完善。20世纪60年代，卡罗尔提出了与其模式相一致的实施方法，共分为八个环节：①教学内容具体化；②激发学生学习动机；③提供学习材料；④按不同学生的学习速度呈现学习材料；⑤控制学生学习速度；⑥诊断困难，提供矫正；⑦给予掌握者及时的表扬与鼓励；⑧维持一定时间内的高效率学习。

70年代，布罗克等人又在修正模式的基础上提出了更为具体和系统的实施办法，详情如下：

(1)让学生了解教学模式的特征，包括教学内容、教学方法和允许的学习时间等。

(2)以课堂小组的形式进行教学。

(3)以学生自我测验的形式评价自己的进步。

(4)根据学生的初步评价，分为掌握学习小组与非掌握学习小组，90％的学生纳入掌握学习小组。

(5)掌握学习小组的学生以自主学习为主，教师提供丰富的教材；非掌握学习小组的学生以个别指导为主(或2～5人的小组教学)，教师帮助学生选择学习材料，学生主要以操练与练习为主要方式掌握知识。

(6)根据学习范围决定学习时间与支持，教师给予非掌握学习组学生或掌握学习组中的后进生更多的学习时间与支持。

(7)单元学习结束后，未通过测验的学生列入非掌握学习组，给予个别指导，直到掌握学习为止。

斯莱文在其对掌握教学的反思中认为，掌握教学与传统的常规教学相比，其优势主要在于重视每个学生的教学，根据不同学生的特点进行教学时间的分配，从而使得每个学生都得到最出色的发展。

(二)策略教学模式

策略教学是指教学中以培养学习者的学习策略为核心的教学模式，这种模式通过学习者学会学习而达到自己独立自主学习的效果。20世纪80年代以后，知识社会使得终身教育向终身学习过渡，个人的自我教育与学习的能力越来越重要，每一个人都必然要成为一个学会学习的人，才可能适应这种高度知识化的社会和瞬息万变的时代。

策略教学的思想最早可以追溯到我国古代的"授人以鱼，不如授人以渔"的思想。二战后，不少教师在教学中注意学生学习策略的培养，并且对学习策略进行了初步的研究。美国教育心理学家弗朗西斯·罗宾逊提出了 SQ3R 读书法："S"即 Survey，通过看标题来了解内容的主旨；"Q"即 Question，提出疑问，启迪思维；"3R"分别是 Read，在阅读中寻找答案；Recall，回忆主旨与要义；Review，复习教材，巩固学习。但是，20 世纪 50 年代的研究并没有确立策略学习在教学中的重要位置，并且大多数的研究并没有提供策略学习的系统框架，只是就知识的掌握与巩固提供一些辅助性的策略。

知识社会的到来，信息爆炸，知识的领域越来越广泛。在科学迅猛发展的信息化社会，我们不可能也没有必要去掌握一切知识，学校教育给予学生的应是更关注学生的学习能力的培养，使学生可以在其离开学校的未来生活中依靠在学校中掌握的学习策略以及学习能力等，独立自主地学习、生活、工作。策略教学就是基于这种社会背景的学校教学的重心转移。

策略教学遵循中等教育的教学的基本精神，把教学视为是学生个性全面和谐发展的基本途径，其教学的基本原则如下：①学习是一种分析学习任务和为特定情境设计恰当策略的问题解决的形式。②学习策略首先指个人用来成就教学目标的计划，而教学计划都具有学生自己的个人风格特点。③为有效学习，学习策略要求具体学习技能的知识或技巧，如浏览、篇章结构的修正、记忆术等。④在大多数学习情境中，学习策略一般侧重于为创造性学习目标而非知识性目标服务。此外，策略教学一般必须与具体学科的教学有机结合、与实际问题结合，才能使认知策略具有广泛的迁移效果。

策略教学的内容是学习策略，学习策略是指学生在形成概念和知识的过程中如何运用各种认知过程及其不同的组合形式开展学习活动的技术与方法。学习策略有别于学习技巧，前者是构成教学目标的完整的计划，后者则是为该计划服务的个别的处理技术与方法，前者是整体，后者是个别。

总的来说，有效的策略教学除了进行学习策略方面的教学外，还包括下列要素：①目标策略——有关策略的意义与功能的认识与理解。②元策略信息——有关策略使用、操作的信息。③开发为调度、检视、维持和概括有效策略所需的自我调节技能与机制。

学习策略中包含许多具体的微观细致的小策略。小策略是指为整体、宏观计划服务的个别的处理技术、技能与方法。许许多多具体细致的小策略在学习过程中起着主要的作用，由于它们具有可操作性，因此，小策略也是学习策略系统中的重要组成部分。德里等人根据布卢姆的教育目标分类学把小策略分为三大类：①获得语汇知识的策略；②获得程序技能的策略；③自我动机的支持性策略。

语汇学习策略旨在促进语言信息的学习，有助于知识的掌握、认知结构的形成以及认知目标的实现。其具体的类型包括集中注意、建构模式和思想说明三大项目。

程序性知识的学习包括三方面的内容：①学习如何完成基本的行为；②学习完成特定行为的检查的概念样式；③学习融合许多行为样式直到行为达到自动化状态。基于此，程序性知识的学习策略包括下述三大项目：行为样式认识、实践和反射性自学。

在学校中，获得有用的知识是一个长期和复杂的学习过程，学生必须投入许多时间与精力。在这方面，帮助学生保持积极的学习态度与良好的学习心境，是教学活动取得高效率的基础。如前所述，学习的先决情感特点在学生的学习中具有25％的影响力。而发展学生的良好的学习动机、情感与态度的策略称为发展动机策略，包括学生行为的自我鼓励、自我管理、情感情绪的自我调节和自我检视与评价等。

在建构教学序列中，一般采用教学过程的三个阶段：准备、呈现和应用（融合）。琼斯等人在阅读教学中运用上述步骤进行开发学生思维的策略教学，获得很好的效果，被广泛推行。其具体步骤极为详细：①准备阶段分为预习课文、设定目标、集中兴趣，三大步骤；②呈现阶段分为巩固知识、意义分类和归纳意义与思想；③应用阶段分为总结全文意义、评价成绩和巩固学习三步。

有关策略教学的实施办法，是以教学形式的不同而形成的不同观点展开讨论的。一种与传统教学截然不同的观点是：既然学习策略作为教学内容的重心与教学目标的核心，那么，我们就可以撇开内容而专门对学生进行策略教学。例如，开设专门的课程（思维训练、学习方法的指导、学习策略实践等等）来发展学生的学习策略。但是，当代教育心理学研究成果早已证明，形式训练说在知识、技能的学习迁移上的效果并不理想。所以，当今的大多数策略教学的实践都是在遵循策略教学与学科内容相联系的情境中进行的。策略教学必须充分反映学生的需要、能力与个性差异。这样，教师在教学活动之前就必须对学习者初始的认知行为、情感特点进行诊断，并以此作为学习者策略教学任务设计的依据。一旦与学生能力及特性相一致的适合某种任务的策略被选择使用，教师与学生就建立了策略、策略教学目标和何时运用策略的教学体系。

在实验中提取出来的有特色的策略教学的实施办法是琼斯设计的构架。这种办法要求学生在没有教师的帮助下，学生通过活动解决学习问题、完成教学任务和成就教学目标。在课堂中，教师集中许多学习策略并引导学生对其运用的策略进行推敲，重新系统化，形成各自的策略运用特色。构架法包括三方面的内容：①支持——运用各种策略教学，提供各种策略的模式和补充例子。②调整——调整教学的内容与策略以适应学习者的能力与特点，运用恰当的学习策略进行学习。③移去支持——当学习者表现出良好的知识与能力状态时，教学可以一步步地移去原有的对学生的支持。

"学会学习"是信息化社会对人的必然要求，学会学习包含着适应未来社会生活的自主能力与态度。策略教学正是从"终身教育"让位于"终身学习"的观念出发，努力突破传统教学的狭隘内涵，培养学生学习自主学习的能力和意志品质。

从培养全人格的人的目的来说，策略教学是适合其目标结构中的"学会学习"的重要教学模式。学生在通过掌握教学获得一定的知识之后，他在以后的知识学习中就更多地靠自己的自主学习，而策略的学习同样可以促进学生的思考、想象以及组织能力，在此基础上，学生就可以"转识成智"，通过综合性的问题解决，培养其创造性。

（三）创造思考教学

如同《学会生存——教育世界的今天和明天》中所言："教育既有培养创造精神的力量，也有压抑创造精神的力量"，而我们完全清楚在过去的历史中及当下的社会中教育在压抑人创造精神方面的状况。当教育教学成为一种工具性的政治经济的手段时，它也就谈不上人的个性、创造性的培养。我们现时代的教育悲剧就是教育教学没有发挥其应有的作用，没有培养出具有创造性的人才。当教育教学以知识为本位、以教师为权威、以灌输为方式、以应试为目的时，培养出来的学生只能是缺乏创造性的人：①成为被动接受知识的容器，学习死记硬背，不求甚解，机械呆板；②成为思维刻板僵化的人，在教师的权威控制下，形成循规蹈矩、墨守成规之人，成为服从顺从之人，成为思维方式单一的人；③成为缺乏创造性意识和态度的人，被动接受的结果，是学生缺乏拒绝接受的意识和勇气，教师所言总被视为"对"的，而偶尔有学生提出反对的意见，马上遭到教师的批评。

学习化社会的到来，知识的创造成为社会的中心，财富的积累与国家的竞争力都有赖于国民的创造力，这样，人们对个性得到了普通的认同，创造性的培养也成为世界各国教育教学关注的重心。要实现我国"科教兴国"的战略决策，就要提高我国公民的素质，而创造力是素质中关键的要素之一。这就要求我们更新教育教学观念，实施与发展人的创造性相一致的教育教学，实现教育从"知识本位"到"智慧本位"的转化，使学生在掌握知识的基础上，"化知识为智慧"，成为具有创造性的人。

创造思考教学就是一种与中等教育的教学相一致的以培养学生个性为目的的教学模式。它以培养学生的创造力、养成学生的创造精神、形成学生的独立思考的行为习惯为基本目标。创造思考教学的使命就是"化知识为智慧"。从教育的立场看，智慧是人类的一种综合的素质，是以网络化的知识、相对自动化的智慧技能和受意识控制的策略性知识三者为基础，包括智力、思考力、创造力以及相一致的创造精神品质等要素。其中，创造性是个体解决问题能力的最高表现，同样也是人类及个体智慧的最高表现。冯契先生指出，在认识世界和认识自己的过程中转识成智。相应地，学校教育教学根据学生的特点使学生在认识世界，认识自己的过程中，实现知识到智慧的转化。

1. 在掌握知识的基础上开发智力

创造思考教学要实现学生的"转识成智"，首先就必须立基于社会实践的历史进化和个体发育的自然过程。社会实践的历史进化的结果形成了人类的知识（数学、语文、历史、化学、生物等等学科），学生借助人类诸形态的知识概念从无知走向有知，进而起到开启智力的作用。尽管研究表明，高智力未必有高创造性，但是，要有高创造性，就必须具有高于一般的智力水平。

2. 在开发智力的基础上发展思考力

从静态的角度来说，发展思考力，就是发展学生的思维路径和思维方式。一个思维定势、思维僵化的学生是不可能具有创造性的。一个具有创造性的学生，必须具有多元的、综合的思维方式。美国心理学家吉尔福特将思考的运用分为收敛性思考和发散性思考。收敛性思考是指个体根据信息知识寻求结果的认知加工方式。发散性思考是指根据信息知识生成新的信息知识的认知加工方式。

从动态的角度来说，发展学生的思考力，是一个"一致而百虑，同归而殊途"的过程。任何人的思维过程均是一个从抽象到具体的矛盾运动，它始于好奇、疑问、惊诧，是从发现问题、提出问题开始，经过分析而又综合，最后解决问题。所谓问题，对于学生而言，就是作为主体的学生有疑问，创造是解决问题的最高形态，学生的创造活动既可以是真创造（即创造出有价值的物质的和精神的成品），也可以是类创造（即对于学生自身而言具有创造的价值，但并没有创造出超过前人的成就）。

3. 在发展思考力的基础上培养创造力

培养人的创造力，首先要培养人的智力方面的创造性的品质，包括以下几方面内涵：

（1）流畅性——指个体在面对问题时，能够想出许多观念或解决方案的能力，在一个时间里，想出许多不同意见的可能性。它包括观念的流畅性(强调对某问题产生的答案的数量)、表达的流畅性(用多种方式体现已形成的思想)和联想的流畅性(对满足某种联络方式需要的观念的回忆)。

（2）敏感性——指对问题的及时的洞察力，是把握问题的关键要素。

（3）灵活性——面对一个问题可以打破常规思维方式的局限，扩大思维类别，改变思维方式，包括自发性灵活性、适应性灵活性和变通性灵活性。

（4）原创性——表现为个体对新问题的解决的独特见地。

（5）周密性——表现周全细密精致的思考力，不仅能够把握全局，而且可以预测未来的趋势。

其次，还要培养人的与创造力相一致的情感、品德、个性等方面的特质。具体来说，包括以下方面的特质：

（1）好奇好问，兴趣广泛。

（2）勇于探索，敢于挑战新问题和复杂的问题。

（3）自主意识强。

（4）开放的思维和心胸。

（5）细腻的感情和丰富的想象力。

（6）顽强的意志品质。

创造思考教学的基本原则如下：

1. 立基于全体学生的创造性的培养

中等教育是为了提高我国全体国民的整体素质，我们就必须坚定这一信念：每一个儿童都具有潜在的创造性。因此，任何以歧视性强制措施所实施的"天才教育"或"精英教育"都是与真正的创造性教育背道而驰的。每个人生于世、活于世，就有其存在的价值，就必须具有生存的本领，即要获得劳作的创造性，也就必须受到教育法律的平等的保护。

2. 尊重并发展学生的个性特点

创造性的特质之一是原创性或独创性。因此，个体的个性的开发与培养非常重要。个性是统一人格的关键要素。在创造思考教学中，尊重并发展学生的个性特点原则的内容包括：

(1)尊重学生的个别差异。

(2)鼓励学生表达不同的意见和想法。

(3)宽容学生的错误与失败。

(4)营造师生互尊、同学互爱的宽松自由的创造性氛围。

3. 与学科教学相结合进行创造性的培养

尽管 20 世纪 60—70 年代以来，世界许多国家为了强调学生创造性的培养而开发了专门的创造性思维课程，但是，实践与研究证明，脱离学科而进行一般的创造性培养的效果并不理想。真正有效的方法是立基于学科教学进行创造性的培养。结合学科教学进行创造性的培养又可以分为两种方式，一种为分科式，即在分科教学的过程中，根据不同学科的特点培养学生在该学科领域的创造性。另一种为综合式，即打破学科的界限，通过不同学科的有机结合而进行创造性的培养。

4. 在活学活用中培养学生的创造性

哈耶克认为："一个自由社会的本质在于，一个人的价值及报酬，并不取决于他所拥有的抽象能力，而取决于他能否成功地将这种抽象能力转换成对其他有能力作出回报的人有用的具体的服务。"[1]我们强调创造性与劳作的一致性，也就是强调创造性培养必须与社会实际生活相联系。社会为了使其更加繁荣昌盛，就必须为人们提供创造活动的最大限度的机会。相应地，教育同样也必须为学生提供有利于发挥其创造性的最大限度的机会和动因。"如果我们训练的只是那些期望'被使用'的专才，他们凭靠自己并不能发现合适的工作，甚至把确使其能力或技艺得到恰当使用的问题视作他人的责任，那么我们就不是在为自由社会培养和教育人。"因此，"我们必须对我们的教育和精神取向作出相应的调整，以适应自由社会的要求。"[2]在教育中，我们可以采用多样化的方式使学生的学习与运用结合起来，以利于学生创造性的培养。

---

[1] 〔英〕弗里德里希·冯·哈耶克. 自由秩序原理[M]. 三联书店，1997：95—96.

[2] 〔英〕弗里德里希·冯·哈耶克. 自由秩序原理[M]. 三联书店，1997：97.

创造思考教学的过程建立在一般创造活动的过程、学生的认识过程以及教学的基本规律的基础上。根据吉尔福特等人的研究，概括为下述几个步骤：

1. 提问

学问，其实质就是在学习中提出疑问。学而不问，只是不求甚解的学。要使学生的学习成为有意义的学习，成为学生主动地建构知识的过程，就需要在学中求问。解决问题与创造活动的第一步就是产生疑问。因此，教师在创造思考教学中，首先必须为问题而教，为使学生能够解决问题而提出问题。其要项有：

（1）教师依据学生的经验、知识背景及需求，将所要教的知识设计成问题，由简单到复杂、由易到难，通过层层发问，一步一步地深入到问题的关键处。

（2）创设问题情境，激发学生对问题的兴趣。

（3）培养学生自问的意识和能力。

2. 思考

学与思是学习过程中两大决定性的环节。学是占有知识材料，理解并领悟其意义；思则是对所学内容进行思考。学与思是相互依存的，是辩证统一的，是相互转化的。

教师在创造思考教学中激发学生的思考和想象，就是要激活学生长时记忆中与问题相关联的观念，使其进入工作记忆之中，使学生处于思维状态。

3. 劳作

创造活动必须通过具体的行为才可表现出来。创造性的培养也必须借助各种形式的劳作（设计、习作、演讲、讨论、制作、研制、实验、实地勘察、绘制等），在行动中探索，在实践中寻求答案。教师的工作重心为创设劳作的机会、活动的情节、行动的情境。具体来说，包括：

（1）充分利用校外的劳作场所，使学生有机会接触社会实践；

（2）在学校中创设多样化活动的情境，使学生可以在实验中、在制作中、在具体行为中探索问题；

（3）创造适于学生探究的宽松教学气氛，使学生可以充分发挥其创造的潜能；

（4）鼓励每一个学生积极主动地投入活动与劳作中，并注意学生的个别差异；

（5）创设充分运用学生的眼、耳、手、鼻、心、脑的劳作情境；

（6）创设学生小组和集体合作进行创造活动的教学环境。

4. 评价

评价不是为了决定学生的创造性水平的高低，而是为了使学生能够意识到自己的问题和不足，及时发现错误并寻求解决问题的新的方法。评价是为了鼓励学生继续探索问题、解决问题，使学生在探究问题的过程中提高自己的创造性。基于这样的精神，教师在评价中应遵循"暂缓批评"的原则，即对学生在探究过程中、在创造性学习过程中出现的错误与失败，暂时不予批评，在充分肯定学生的探究精神的情况下，在肯定学生的成绩的基础上，分析学生所出现的错误，使学生能够发现自己的问题并及时修正错误。

创造思考教学旨在最大限度地培养学生的创造性，教师要使教学成功有效地培养学生的创造性，就需要相应的教学方法和策略。根据世界各国有关的研究，创造思考教学的方法和策略可以归纳为以下几种：

1. 大脑激荡法

大脑激荡法是由美国奥斯朋博士 1938 年发明运用的一种开发创造性思考的策略。它是利用集思广益的思考方式，促使各成员对一问题的意见互相激荡，引发连锁反应，借此导出创造性思考的方法。"Brainstorming"的原意为：精神病患者，大脑的错乱状态。后引申为摆脱世俗礼套与旧观念的束缚的精神，以期使想法能够无拘无束地出现。大脑激荡法旨在通过提供学生自由宽松的氛围，能够触发思想的火花，引起他人生成点子，产生连锁反应，使他们能够最大限度地发挥自己的创造性潜能。其运用必须遵循四大原则：（1）严禁批评——对学生提出的想法不急于进行批评和评判；（2）自由表达——鼓励学生异想天开，自由表达自己的想法；（3）追求数量——鼓励学生尽可能地多出主意，数量越多，则其中有质量的想法也就越多；(4)综合改正——综合自己与他人的意见，进一步提出新的想法。

此外，大脑激荡法一般以 12 人左右的小组为集体展开教学，要求教师提供民主气氛；心情轻松，思维自由奔放；师生之间、同学之间彼此宽容协作；教学环境适宜，提供背景音乐、恰当的座位安排。教师在实施中要把握两项策略：(1)延迟判断；(2)量中求质。

2. 属性列举法

属性列举法为美国尼布拉斯加大学克劳福教授 1954 年提出。此法分为三个步骤：(1)属性列举，即将物品的构造和性能按名词的、形容词的和动词的属性列出，然后一一校对每项属性可以改良之处。(2)缺点列举，即尽可能把事物的缺点、毛病挑出来，并提出可能改正的方法。(3)希望点列举，即对某项事物作积极的构想，尽可能列出其其他的优点和性能，先并不考虑其可行性。

3. 强迫关联法

即将本不相干的事物放在一起，通过构想，生成新的组合及新的功能，以便可能产生新的产品。不同事物的不同关系的组合产生新的结构，组合的方式可以是综合、排列、颠倒等。

4. 形态分析法

其要点为：(1)列举关于某个问题的独立因素；(2)列举某个独立因素中可变的元素；(3)各种元素的不同组合；(4)生成不同的构想与观点。

(四)情意教学

如果说，掌握教学是以知识为本位的教育，创造思考教学是以能力为本位的教育，那么，情意教学就是以德性为本位的教育。全人格的教育，掌握教学是实现学生从无知到有知的转化，而从掌握教学上升到创造思考教学，是实现从知识到智慧的转化，即实现以人的创造性为核心的能力的全域发展，但是，仅此还不能说是全人格的教育，全人格的教育还必须实现人的从智慧到德性的转化，即"化智为德"，而情意教学就是实现这种转化的中间环节。

如果说在我们实现"转识成智"的目的是使每一个人具有最大限度的创造性，即创造物质和精神财富的能力，那么，实现"化智为德"则是为了对这种创造性进行价值判断。一个人有能力创造出这种或那种产品，并不意味着产品就符合和满足人们的需要，要使一种产品满足人们的需要，就必须使人们觉得它可用、可以用、可喜、可爱。但是，这种评价又不是出自人的本能的好恶的避苦求乐的选择，而是要运用人类的理智和理性对此进行约束。人类及个人的价值具有两重性：一方面是为了增进人类的利益而有功利性，因而具有工具的意义；另一方面，它们是人的本质力量的显现，人在其中能获得精神的满足，所以本身即是目的，因而具有内在价值。而人类对物质和精神产品的评价，是以一定的理想作标准进行权衡和选择，从而使理想转化为现实，实现人的自由。人的自由的实现包涵两方面的内容：就客体说，是化自在之物为我之物，是自然人化而成为适合人性，合乎人的需要；就主体说，则是精神由自在而自为，用天资之才来造就具有自由德性的人格。人的发展过程就是通过人与环境的交互作用，人的本质力量的对象化，促使作为主体的人的能力、德性发展起来。精神主体所具有的知、意、情等力量，是在其固有的自然禀赋的基础上，主要通过教育和实践培养锻炼出来的。

　　人类的进步和自由，不仅仅是物质的繁荣，更表现为人类精神方面人的本质力量（知、意、情等）的不断发展和完善。人之为人，就是他或她具有"人性"，这种人性，在很大程度上，乃是每一个个人通过语言和思考而习得的道德观念的产物。人类在创造文化的同时培养了自己，提高了自身的价值。人类的进化是一个螺旋式上升的过程，个体的发展也是一个不断提升自我的过程。情意教学就是为了最充分地发展人的本质力量，培养具有自由德性的主体的全人格教育的重要环节。

　　因此，从广义说，情意教学就是把情绪提升为情感情操、把人的自然属性提升为人性灵性、把人的野性转化为意志品德，从而形成符合人类理想的价值观、世界观、人生观，并使理想转化为现实的主体的精神、信念的过程。掌握教学旨在建构知识主体，创造思考教学旨在建构劳作主体，情意教学则是在知识主体和劳作主体的基础上，建构道德主体。"学会共同生活，学会与他人一起生活，这种学习可能是今日教育中的重大问题之一。"①因此，教育的使命是教学生懂得人类的复杂性和多样性，人类的共性与相互依存的状况。教育的一个特定目的就是要培养感情方面的品质，特别是在人和人的关系中的感情品质。系统的培养有助于人们学会彼此如何交往，如何在共同的任务中彼此合作。此外，个人表现的另一个重要方面是美感活动。对美的想往、对美的追求、对美的兴趣、识别美的能力，把美吸收到一个人的人格中去以及其他美感经验的组成部分等等，都是全人格教育的重要的构成要素。

全人格的主体，就是平民化的自由人格的主体，就是知识主体、劳作主体和道德主体相融合的主体。为实现健全的人格，情意教学建构道德主体，必须从四个方面考虑教学的作用：

1. 发展性建构。发展性建构是把学生视为一个"人性本善"的人，通过运用合乎人类理想的道德规范使一个具有天资禀赋的儿童成长为符合人类道德理想的主体。

2. 预防性建构。正是我们无法确定儿童的道德发展会走向符合人类理想的何方向，在社会的感性实践过程中，他或她可能会在道德行为、价值观上发生背离人类道德理想的偏差，因此，情意教学就必须在教学中进行价值是非的澄清，形成儿童的健全的心理品质，预防儿童可能出现的情意发展的偏差。

3. 辅助性建构。就全人格的发展来说，是个体知、智、意、情的统一，情意在建构自由人格的主体中既是一种环节、一种桥梁，又是一种辅助。此外，在某种意义上，教育更多地是在辅助和帮助个人使之成为具有人性的人。教育教学与感性的劳动实践是相辅相成的，共同作用而对儿童的发展起作用。

4. 矫治性建构。就像主体的生物学形态一样，每一个人从生到死

---

① 联合国教科文组织总部中文科译. 教育——财富蕴藏其中[M]. 北京：教育科学出版社，1997：82.

的过程中，均会发生病变，人的精神形态同样会发生病变，个体对外界的人和事的不恰当的知觉会导致社会不良适应。教育教学提供恰当的引导，纠正不当的思维方式和价值观，使个体摆脱社会不适应的困境。

根据上述原理，情意教学的结构可以从人的自由进行分析。人的自由是人的物质和精神的统一，也就是功利与真、善、美的精神价值的统一。从认识论来说，"真"作为价值范畴，是指客观真理的认识是真诚的理性精神的需要，而自由就是这种体现理性精神的真理性认识在改变世界和造就自己中作为理想得到了实现。从这层意义看，教学培养"自由的个人"，就是使个人达到"自我实现"。从伦理学说，自由是人们出于理智上自觉和意志上自愿在社会行为中遵循当然之则（道德规范），也就是这些准则或规范所体现的进步人类的"善"的理想，在人们的德行和社会伦理关系中得到了实现。从美学说，自由就是在"人化的自然"中直观人自身；因为人的本质力量在人化的自然、特别是艺术作品中对象化、形象化了，审美理想在贯注了人的感情的生动形象中得到了实现，于是人们便从对美的事物欣赏中获得自由的美感。只有实现人的真、善、美的统一，才可实现自由人格。而真、善、美统一的价值体系的基本原则包括：

1. 自然原则和人道原则通过自由活动（学习、劳作、实践等）的辩证的统一。

2. 人的本质力量即理性与非理性的全面发展，即人的"认知发展（知识、技能、策略、创造力）"与"情意发展（价值、信念、感情、态度、兴趣）"的统一。

3. 自由个性和集体精神互相促进，奔向个性解放和大同团结相统一的理想目标。

相应地，情意教学就是要使学生的品格的培养借助情意的力量实现真、善、美的统一。情意教学是一个形成学生价值信念体系的过程。根据布卢姆的教育目标分类学关于情感领域目标的划分，对于某一事物的价值观的形成，经由以下步骤：1. 价值接受——个体通过感知觉体验了不同的价值观，然后才愿意选择符合人性的价值项目；2. 价值反应——在行为上的反应，个体由不自愿到自愿再上升为自觉的反应；3. 价值判断——个体由接纳走向偏爱再提升为坚信某一价值观念；4. 价值组织——从零散的价值观点走向建立自己的价值体系；5. 品格培养——从培育一般的态度上升为形成健全的品格。简言之，建构学生的价值体系的过程可以概括为：接受就是学习理解当然之则的道德规范；反应就是引发学生的价值观念；判断就是让学生进行价值的是非选择与价值澄清；组织就是使理想的道德规范内化为学生自身的价值体系；这样，形成学生的品格也就实现了自由人格。据此，情意教学的基本原则归纳为：

1. 在感受中得到体验。
2. 在直接经验中获得了解。
3. 在艺术欣赏中得到熏陶。
4. 在文化理解中得到涵养。
5. 在社会实践中达到升华。

过去与现时代并不是不重视情意的培育、德性的养成，我国古代就非常重视人格的培养。儒家的理想人格同样是仁智统一的人格。人之为人，"仁"、"智"、"勇"兼备，"仁"为核心。但是，由于教育只是服务于少数统治者，不能成为劳动人民受教育的场所，教育所理解和追求的人格只是少数人才能达到的"圣人"人格，情意、德性的培养也同样脱离感性的活动和感性的实践。"德"成为脱离实践生活的一种灌输和说教。德性与情意的脱节，道德教育成为一种机械的照本宣科。儿童成为一个准备接受教师填充的"道德之洞"，德性成为脱离实际生活的抽象的条条框框。

我国五六十年代的道德教育同样也存在着目标上过于理想和方法上偏向说教灌输的脱离实际生活的情形。把德性的培养与学科教学分离出来，把德性的培养与实际生活分开，使德性的培养成为一种"美德袋"的模式，成为一种远离实际生活的理想主义的说教。其结果，并没有使道德教育达到我们所要达到的预期目标，甚至"反而限制了儿童的智慧和道德的发展"。这种德性培养模式的根本问题是教育教学中强调学生共性的自觉服从而忽视学生主体的个性的自由意志，强调集体精神而忽视个性自由，忽视情意在德性中的作用。

情意教学强调学生通过实际生活的感受性、体验，在直接经验、感性实践和艺术欣赏中培养学生的德性。情意教学寻求学生本质力量中理性与非理性要素的统一，尤其关注德性培养中情感意志的重要性。因此，教学较为形象性、直观性、综合性。相对前述的掌握教学和创造思考教学而言，情意教学更为复杂，它往往采用活动的方式、潜移默化的方式、综合课程的方式才可以收到更好的教学效果。根据方法策略作用的情意目标的侧重点的不同，笔者把情意教学的方法策略梳理为以下几种基本原型：

1. 角色扮演。通过角色扮演来认识和体验各种不同职业、不同年龄、不同种族中的人的生活态度、道德意识，从而实现相互的沟通、理解和谅解。教师通过组织各种与实际生活紧密相关的心理小品、生活小品，以活动和游戏的形式进行角色扮演。学生通过角色的扮演，可以操练不同角色的生活方式和行为样式。个人学习的角色越多，越能体验到角色的特征与规范，在实际生活中就易于处理人际关系，正确认识自己的社会角色的不同责任。角色扮演的基本功能包括：①提供学生有效的沟通渠道；②尝试社会的情境体验，主动建构社会角色的规范行为；③加强同伴之间的相互沟通，相互理解，通过转化行为角色来使学生以理解他人的心向；④在角色扮演中，丰富感情，提升学生的社会规范意识。步骤为：①认识问题情境；②选择角色的扮演者；③准备演出；④安排观众；⑤角色扮演；⑥讨论；⑦再扮演；⑧综合及应用。

2. 楷模学习。楷模学习在儿童德性培养中有着特定的重要性。班杜拉认为，儿童的道德发展是经由模仿、认同和制约的学习而形成。所谓模仿，就是通过观察成人的楷模行为而效仿，在此基础上达到认同。这种认同不仅是对"好榜样"的模仿，同样也会对"坏榜样"或"不良典范"进行模仿。因此，对学生来说，楷模学习是其德性之养成的重要方法之一。但是，在教学中，此一方法运用的效果取决于以下的注意事项：(1)尽可能排除"坏榜样"对学生道德观念和道德行为的负面影响。在开放的学校及社会环境中，生活中的许多人都会影响学生的行为，而某些"不良典范"的行为对学生带来很大的影响。例如，暴力行为、早恋行为、享乐观念、虚假行为等等。对学生的道德教育，我们应该明确，首先是树立"什么是不好的"、"什么是不对的和不应该做的"等方面的观念，在此基础上确立学生的符合生活行为规范的行为。(2)在"好榜样"的楷模学习中，尽可能使楷模的观念、行为与当下的社会生活的真实情境相关联。我们通过楷模学习旨在形成学生社会生活的符合道德规范的真实的观念和行为，而不是在培养和建构脱离现实生活的理想人物。切忌树立"高大全"式的榜样，相反，教师应尽可能挖掘学生实际生活中的具有情意感召力的可歌可泣的学习榜样，使道德教育不流于"假大空"。(3)作为教育者的教师的榜样力量的重要性来自教师自身的言行一致。教师的人格力量在学生的德性养成中的影响力之大是教育教学中不争的事实，因此，教师如何发挥自身的"楷模"作用是楷模学习中一项重要的课题。

3. 集体合作。个性的发展和集体精神的培育是德性培养中相辅相成的两个方面。没有集体的力量，发展学生的个性只是一种脱离现实的空想。从本质上说，道德的学习就是使每一个人学会共同生活，学会相互理解，相互合作，相互关心。人的社会性的本质告诉我们，每一个人不是孤立地存在，而是始终生活在群体之中。无论是与家庭成员共处、与同伴共处、与同事共处，还是与不同处境的人、不同种族的人共处，均需要彼此的合作。从这一意义上讲，情意教学需要创设各种与人相处的真实情境，使学生有机会体验"相互依存"的人类关系及其德性的真实生活的内涵。

4. 价值澄清。价值澄清是人本主义教育中的一种被推崇的道德教育方法。价值澄清的实质是：(1)学生如何获得道德观念比他获得什么样的道德观念更为重要。价值澄清强调的是对道德观念的评价而不是普遍分享。简言之，价值澄清注重道德学习的过程胜于注重结果。(2)注重学生的自由探索，反对说教和灌输。人本主义教育者认为，过去的各种道德教育的方法，尽管在学生的德性培养中起到一定的作用，但是，这种方法并没有也不可能导致我们所关心的那种意义上的价值观，即代表着理智的人类在与复杂变化的环境相互作用时所作出的自由的和经过审慎思考的选择。因为，传统的方法均含有说服的意思，"对的"价值观是预定好的，然后才有一种或另一种教学法，将那些价值观兜售给他人。所有这些方法都有灌输的味道，只是某些方法比另一些更巧妙而已。它们似乎都缺乏那种自由探究、审慎思考和推理的观念。这些普遍的方法似乎都没有考虑如何帮助儿童发展一种评价过程，而是如何劝说儿童采纳"正确的"价值观。

价值澄清的道德教育方法旨在探索学生价值观的相处过程。其过程可分为七个步骤：(1)自由地选择，没有任何外力的控制、权威的胁迫。(2)从多元选择中进行选择。(3)对每一种可能性选择的结果经过深思熟虑后再行选择。(4)估计和珍视自己的选择并感到愉快。(5)公开自己的选择，并求得公众的认可。(6)根据自己的选择采取行动。(7)重复地行动，使之成为个人的生活方式，然后再对自己的选择和行动作出检查。

5.恩情体验。情意在德性中的重要性不仅是人类道德中一个恒久的命题，更是一个时代道德的使命。城市化以及相应的感情淡漠的情形，老龄化社会以及相应的尊老尽责的话题，使"关爱"愈益成为时代道德教育的中心主题。而我国独生子女教育中儿童缺乏关爱意识的现实使"恩情体验"显得更为重要。家庭关系中"儿童中心主义"的情形使老人、长辈日益得不到子女的关心，甚至缺乏基本的孝敬父母的责任心。

因此，作为德性主体的"我"，立足于自身，首先应该敬爱我的父母、兄姐、爱人以及其他的亲人，然后敬爱我的恩师等。孟子说："孩提之童无不知爱其亲者，及其长也，无不知敬其兄也。亲亲，仁也；敬长，义也；无他，达之天下也。"所谓德性之本"仁"之内涵实乃"爱人"。朱子注"仁"为"心之德、爱之理"，韩愈说"博爱之谓仁"。

恩情体验教学从"我"做起，从儿童自身的恩情体验入手，引进我国传统道德价值中的优秀观念，强调从小树立爱的责任心，学会如何回报父母、亲人、爱人、友人以及社会、国家。从"老吾老以及人之老，幼吾幼以及人之幼"观念中建构新的尊老爱幼观。在真实的恩情体验中建立健康的亲情、爱情和友情观。恩情体验教学重在创设儿童体验恩情的情境，从实际生活中挖掘具有教育价值的小事，在感性实践中体验并学会人与人之间的相互关爱。

（五）民主教学模式

民主教学是集知识的掌握、创造性的培养和德性的养成的一种综合的教学模式。美国哲学家杜威认为，教育是生活的过程，而学校是社会生活的一种形式。"在这种社会生活的形式里，凡是最有效地培养儿童分享人类所继承下来的财富以及为了社会的目的而运用自己的能力的一切手段，都被集中起来。"日本著名教育家小原国芳也指出："为了生成'自律心'，为了使'自然'理性化，我们要学生做一个有勇气自己走自己的生活道路，不走别人生活道路的聪明人；做一个不为地位、名誉、利益所左右的真正的人，不为私欲、物质及动物本能所左右的人；做一个永远不为法律、上司、父母、社会所左右的自律人；做一个不为传统习惯所禁锢、大胆地探求真理、忠于爱的自由人。一句话，要求学生做自己走自己道路的真正的人。只有依靠这样的人，真实的文化才会产生，国家才会不断前进。"

要使儿童学会在未来社会中民主地生活，那种以专制原则建立起来的缺失自由的教学显然无法胜任此项任务。杜威认为，教育上许多方面的失败，是由于它忽视了把学校作为社会生活的一种形式这个基本原则。儿童被当做灌输的对象而在严格的控制和服从下接受知识，教学显得非常有序但却缺乏自由，缺乏真实而生气勃勃的生活。

民主教学就是以民主原则创设自由有序的教学情境。这种情境是简化的民主社会的生活情境。民主教学把学生视为教学的主体，通过鼓励学生积极地参与教学生活，在动态的课程生成的过程中，学生学会如何民主地生活。这种民主教学的内涵包括四项基本原则：

1. 责任

在教师的友好而真诚的引导下，学生在学习过程中学会自我负责。责任是民主社会每一个成员必须具备的基本素质。但是，责任不是从书本中习得的，责任是无法通过简单的传授而习得。责任必须在民主原则指导下的自由活动中由学生自我探索而养成。学生在学校的集体生活中学会自己对自己的教育负责，教师在教学中的地位和工作必须按同样的观点来加以阐明。教师在学校中并不是要给儿童强加某种概念，或形成某种习惯，而是作为集体的一个成员来选择对于儿童起着作用的影响，并帮助儿童对这些影响作出适当的反应。

2. 尊重

尊重包括师生之间、同伴之间以及学校以外的更广泛的社会生活成员之间的互尊互爱。在民主社会中，人类获得最大自由的基本内涵之一，就是社会生活的成员学会互尊互爱，共同生活。自由，即一个人不受制于另一个人或另一些人因专断意志而产生的强制的状态。在民主教学中，一方面，教师把对学生所施加的强制减到最小可能之限度。教师的任务仅仅是依据其较多的经验和较成熟的学识来决定怎样使儿童得到生活的训练，而不是通过强制的方式对儿童进行控制和灌输。另一方面，学生之间同样在共同的学习生活中建立一种相互尊重的互不干扰的学习秩序。

3. 智谋

学生在教师的引导下，自主探索知识，学会如何学习，学会如何劳作，学会如何关心，学会如何生活。在传统教学中，学校的智力训练和道德训练之间非常可悲的分割，获得知识和性格成长之间可悲的分割，不过是由于没有把学校看做和建成其本身就有社会生活的社会机构的一种表现。在民主教学中，学生是学习的主动建构者，是意义的主动的探索者，学生的学习是集知识、智谋、情意为一体的有机综合的自由活动。

4. 敏感性

学生对家庭、社区、国家和世界的社会生活的实际事物的快捷的反应力。学生获得信息而生成更多的信息，运用自己的本质力量作出具有鉴赏力的判断，提出建设性的意见，创造出富有个性的物质和精神的产品。

与传统教学不同，民主教学旨在通过最大限度地唤起学生本能中的学习驱动力，使学生积极主动地参与学习，把学习视为一种责任，视为愉快的生活。因此，民主教学不采用惩罚、竞争、强制等外在力量控制学生学习。

民主社会或民主教学之"民主"，只是社会生活的一种规范，一种手段，而不是目的。就其实质来说，民主是个人自由的重要保障。"民主之善在于自由，而自由又孕育勇气和勤奋。"简言之，民主教学之于传统教学优越，是它比其他非民主的教学更能产生自由，它尽可能减少某个人或某些人利用权力武断地强制他人而不利于大多数人的发展。尽管学生的成长在一种完全自生自发的状态中很难得到教育预想的结果，也就是说，在学生的成长过程中，教师的理性精神引导至关重要。但是，没有强制的教学情境的自由状态对学生个人的潜力的发挥是最有助益的。这种助益在于每一个学生都有机会参与活动、参与生活，学生在自己与外界的交互作用的过程中，在积极主动的探索中，在教师的引导下，渐渐地向教育期望的方向发展。

民主气氛所营造的作用状态并不是学习的放任自流，人类任何社会生活都存在一定的制约力，即生活规则。同样，对于处在社会化过程的初始阶段的儿童来说，学习过程也存在一定的制约规范。在遵守教学规则的过程中学会共同管理和自我管理。根据人类行为的自然后果的逻辑，民主教学界定了其活动的三大教学规则：

1. 不做任何有危险的或有害的事情。

2. 始终处于一种管理状态（为了安全）或日常规范中。

3. 一旦教师发出信号（为了安全），立即离开教室或学习场所。

因此，民主教学的课程是一种简化的社会生活的情境。课程的建设立基于传统又超越传统课程。课程是学生成长的文化过程。课程的过程和生活的领域本身是一个有机的整体，为了利于发展，便区分阶段和划分类型。遵循 4Rs 原则，民主教学的课程可以分为下述三大板块：

1. 学术性课程。在传统教学中，学术性课程占学习时间的 90％～100％。在民主教学中，学术性课程占学习时间的 50％。在传统教学中，学术性课程采用分科主义的方式进行教学。在民主教学中，学术性课程以更为广泛的、综合的方式呈现。

2. 创造性课程。学生以主题探索的方式积极主动地学习、探索和发现，涉及艺术欣赏、烹调、服装设计、舞蹈、雕刻绘画、历史地理、计算机信息技术、自然环境、战争与和平、人际关系和人类理解等广泛的创造性学习活动。创造性课程以主题为单元，突出创造性探索与时代问题的紧密关系，以此培养学生解决实际问题的能力。

3.活动课程。致力于学生社会化的过程，包括生活技能的培训、健康维护、人际关系、体育锻炼、游戏与娱乐、家庭活动、联谊活动、课外活动等。活动课程以活动为单元，强调活动中学生的自我的个性的发挥和集体合作精神的培养。

在上述三大板块的课程原型的基础上，学校和教师可以按学生的实际情况和社会的实际状况及时地编制新课程。

民主教学的运作采用与个性化教学精神相一致的策略方法。教师和学生共同制定其学习计划，每一个学生都有自己的学习进度表。每一个学生根据其学习计划进行自主的学习。在一段时间的学习之后，学生可以及时获得学习效果的反馈意见，教师以祥和的心态分析学生在学习中的问题和缺点。教学不采用等级评分系统，不以竞争产生学生之间的紧张、焦虑和敌对的心态。每一个学生的进步状况只有学生本人和教师知道，在征得学生的许可后，可以把学生的进步状况反馈给其家长。师生之间的相互影响体现在每天的教学活动之中：每天学生必须向教师汇报自己的学习状况，讨论学习问题，修正学习进度表。每周一次小组讨论（自由组合），教师参与，主题由师生共同提出。每一个学生都有一个指导者或教师。在初步的师生认识和了解之后，由学生来选择自己的指导者，但是，教师有权不接受任命。一旦师生关系形成后，教师不能把自己的学生转给其他教师，而学生则可以重新选择教师。

学校的运作程序是由师生、家长和学校共同达成的共识。学生在进入学校之前，学校和教师向家长和学生介绍民主教学的目的及相应的课程设置、纪律、学习方式等。学生一旦进入民主教学活动之中，就必须遵循民主教学的基本原则及行为规范。当学生违反了事先规定的规则后，教师进行个别的谈心。当达六次之多后，学校召开现场会议（学生本人、家长、教师、校长等），使学生形成新的认识，以此防治学生继续犯规。

民主教学运作的其他策略包括：

1. 每日学校教学时间安排 9 个单元，从早到晚（8：00—17：00）依次为：第一单元——早集体活动、清洁维护；第二、三、四单元——学术性课程；第五单元——中餐；第六、七、八单元——创造性课程、活动课程；第九单元——晚集体活动、清洁维护。其中，学生可以不参加学术性课程和创造性课程，但必须修习社会化活动课程，必须参加每天的早、晚集体活动和联席会议。

2. 全体教师和职员禁止随意议论学生行为之优劣，尤其不能在家长面前随意讲学生学习的情况，以维护真正民主教学中学生之权益。教师的角色是名副其实的高水平的专业化的服务员。

3. 与传统教学不同，民主教学不布置任何课外或家庭作业。学生在每日的学校教学中按照契约积极主动地学习，在离开学校的时间里自由率性发展。

4. 每一学期学校举行五次家长会议，就学生的活动纪律、教育教学的精神与家长交换意见，共同协商，不断完善。

5. 民主教学的学习场所再不仅仅限于教室课堂之中，教学充分利用学校和社区资源，包括学习中心、图书馆、辅导室、家庭研究中心、社区资源中心以及自然田野、工商企业、政府机构、乡土地理环境等。

个性化民主教学真正体现教书育人的教育教学的本质。以人为本，强调集体活动、社会化活动课程的重要性。学校在教学中的根本任务就是营造一个"教师热爱教、学生愉快学、家长支持教学"的民主教学的环境，使学生从小就自主地培养民主自由的观念意识，成为民主社会中自立、自强、自主和自信的公民。

从这个意义上讲，我们的国家和政府应该支持民主教学，为防止我们国家的腐化和堕落，为防止我们国家的暴政，为使我们的下一代能够真正成为民主社会的公民，成为真正具有自由个性和自由德性的生活主体。

第三节　世界中等教育的教学策略

(一)加速学习

斯坦福大学高等教育和经济学的亨内·勒温和德维得·杰克斯教授提出了一个帮助小学生提高学习成绩的学习计划。勒温的加速学习计划在圣弗朗西斯科海湾地区的两所基础学校首先实施,然后在40多个州的1 000多所基础学校和中间学校推广。跃进学校使所有学生进入基于自然禀赋、认知差异和高期望的教育主流。所有推行加速学习的学校一起工作使课堂进入"有力的学习"环境,在那里,学生们被鼓励创造性地思考,展现他们的兴趣,在更高层次成就自己。

(二)风格本位的教学

风格本位的教学调整教学环境以适应不同学生的差异。通常,一个正式的评价被用做一般的工具,整体的形象来自感知特征、教学和研究的偏爱和认知技能等传递的信息。评价结果由教师通过观察学生作业或个人面谈或更具体的正式教学的管理而得来,结果用于计划和实施选择的教学策略。

调整感知能力和研究爱好差异的方法是,引入与学生最强的反映方式一致的新的或难的信息或强化第二级和第三级力量。例如,一个学生最强的感知觉反映是视觉,那么教学就是通过阅读和观看来遭遇更多的新信息。听力的强化主要通过听力训练(听录音带或听老师说)来实现。

契约活动包向学生提供可以选择的作业,以满足一般目标。这些材料替代全班课堂教学。活动包是为那些倾向于结构化学习环境的学生或追求自我选择的学生提供的教材大纲。活动包包含了大量的资源:听觉的(磁带)、视觉的(书籍、录像带、照片等)和运动知觉(模仿、游戏等）。资源的清单给学生提供了他们所需要的信息以满足活动包目标。在关于诗歌的契约活动包中，一项选择性的活动是，学生录音记下9个诗人的诗歌。然后学生必须把诗歌的录音带放给两个其他学生听并一起评论其中的内容和思想。活动包也包括几个寻求具体结果的可操作的小组活动。

表现较弱的认知控制的学生被安排与认知资源教师一起合作或具体练习以改善困难。认知技能或要素包括分析、空间技能、集中、信息分类、短时记忆以及持续性和共时性处理等。在这些控制方面的任何弱点都限制了一个学生信息处理的效果。提高技能的教学通常通过一个体制进行，这一体制以几何活动为基础，兼容专门学科活动与一般活动。例如，作为发动者，只有分析技能较弱的学生进行以下活动：尽你的可能把一个圆划成尽可能多的部分。

通常，与班级集体一起作业的教师采用区分的教学以适应学生的个别差异。风格本位的个性化课程计划旨在尝试诊断和适应学生之间和学生内部的差异性。

（三）合作学习

许多教育工作者认为，班级教学应该以合作学习为主要方式。合作学习小组是学生一起作业以完成学术任务的小组。每一个学术小组既对学业任务负责，又对小组作业中的人际关系和作业程序负责。教师的角色是确立任务，提供程序，使小组成员明确小组成员之间清晰的相互依存性，教学并监控参与的社会技能。

小组合作学习包括以下四方面的要素：1. 学习者之间的积极的相互依存性；2. 面对面的互动性；3. 个体的责任性；4. 小组和人际交往的技能。明尼苏达大学的罗杰·约翰逊教授和霍普金斯大学的罗伯特·斯莱文教授是合作学习的倡导者和广泛使用者。其主要策略包括如下：

1. 学生团队成绩区分。学生被异质分组，一般4～5人一组。教师通过讲授或讨论介绍新材料。学生使用作业单并配对地相互帮助。个人测验的结果成为团队积分的一部分。

2. 团队、游戏和比赛。学生每周参加一次学术比赛，以表明他们掌握教材的程度。比赛组织建立在成绩相当的个体之间。不同的团队之间的成员的比赛贡献于团队的总积分。

3. 小组调研。2～6 个人组成的小组使用探究和讨论的方法发展合作项目。团队从整个班级研究的单元中选择专题，再把专题分为个人的任务，在完成之后向班级提交一份研究报告。

下面是关于高中美国历史片段的学习。

目标：认识美国内战期间的关键性事件和关键性人物。

第一步：组成 6 人团队。

第二步：每队成员选择下属课题中的一种。1. 内战中决定性的战斗。2. 南方和北方重要的军事和政治领导。3. 比较南方和北方的军事、经济、运输、资本和道德的力量。4.《独立宣言》是什么？为什么写它？它与美国宪法第十三修正案是什么关系？5. 林肯在葛底斯堡兹堡的演说——围绕演说的事件、为什么发生、对演说内容及事件进行评论。

第三步：在咨询大量的资料后，每一个小队成员总结他的专题，写成书面研究报告。

第四步：研究同一亚课题的不同小队的成员参加"专家"研讨会，讨论他们研究的成果，并相互帮助提高他们的报告水平。

第五步：小队成员再集会，相互之间交流不同专题的信息。小队成员可以以不同的方式主讲其研究的专题。例如，播放林肯对独立宣言的申辩的广播录音。

第六步：成功地完成四个课题的考试。

（四）契约学习

契约学习是这样一种教学方法：教师和学生设计一个包括目标、活动、时间进程和评价方法的学习计划。学生自己实施这一契约。契约并不替代其他的教学方法，只是为那些渴望脱离标准课程或渴望追求特殊兴趣的学生提供选择的机会。

教师监控学生履行契约的进程，但学生承担其学习的主要责任。

责任或结构的程度取决于学生个人也决定于教师。契约通常包括内容、目标、活动、资料、在规定的日期内的时间安排以及如何评价课业等项目。一般而言，学生教师和家长要在契约上签字。这样就建立了学生对契约的义务和责任。

契约使教师能够在深层次上关注学生的需要和兴趣。教师能够同步掌握学生在掌握教材方面的差异性。学生能够承担自己的学习责任，与教师合作评价自己的优势和弱点并建立学习目标。

（五）技术辅助学习

熟练地使用技术对大多数学生都能够扩大学习的机会。他们能够单个地在计算机房做课业并按照自己的进度学习课程。例如，在许多高中的商业教育课程计划就采用办公自动化设备。计算机储存并提供了许多不同的课程计划以满足学生的需要，学生可以进行选择并且可以在任何时间开始和停止学习。教师通过在机房的踱步来观察学生作业并在恰当时候指点学生，以监控学生进度。他们能够阻止学生，告诉他们该做什么，并评价他们的进步。

整合学习系统使用计算机进行教学并成为一管理信息系统。它们的课件为课程提供了顺序，课程包括数学、阅读和语言技能等学科的多个年级。课件内多台计算机进行网络化工作，管理信息系统监控学生的成绩，提供诊断并显示学生进步的信息。

典型的整合学习系统课程首先必须进行学习前的测验以评价学生的成绩，然后根据诊断的结果"对症下药"地为学生提供学习内容。在一个单元学习结束时，学生必须接受评价，以决定是否要重新学习还是已经掌握了所学内容。尽管这一系统的目标多样，从辅导到综合指导教学到高级思维等等，它们主要包括一系列练习和实践。

使用光盘和高级互联网的策略能够使技术在更广泛的领域使用。学生能够研究特殊兴趣的课题或与课程的具体内容建立联系，单独地、配对地或者小队地学习，学生能够投入到研究过程的每一步骤中去：质疑、计划、收集信息、分类和详审、综合、评价、记录结果等。电子邮件的使用能够使他们与这一领域的专家、其他研究者或大学教授交流。学生们还可以与其他国家和地区的学生一起交流和讨论这一课业。

美国西北大学与新特里高中的合作项目提供了在线监控学生学习科学课程的范例。实践科学家可以向学生提出忠告和批评。学生们所做的课题从地震到雪崩无所不包，在线指导者帮助他们获得和分析数据。

地球实验项目使用一个局域网，使学生能够像科学家那样合作地使用技术。地球科学的课件，试图打破数学、科学和书写等学科的界限。学生能够单个地和小组地上网以便他们能够便利地调动任何可以使用的信息并进行储存，还可以进行电子邮件通信。由于计算机网络化，学生们能够在任何时间和地点进行课业的学习。地球实验计划演变成为一所包括多个教室的"计算机微型学校"。

在英国的哥伦比亚的威康威的一种称作有效高中的私立学校里，学生使用计算机并在线交流以建立他们自己的学习日程。所有学生都有便携式电脑，且与学校的计算机联网，他们在家就可以做许许多多的课业。学生创造他们自己的课程，与指导者一起工作，教师完全被指导者替代。部分学生为商业消费者设计消费软件。

(六)指导性实践

指导学生学习有多种形式，美国运动中占统治地位的是教练制。事实上，许多成功的教练被说成优秀的教师。在指导中，为了使个人有更多的注意力，教练与运动员之间的比例较低。教练通过小组或一对一的方式进行指导。有时，他们演示他们希望运动员所做的动作，然后仔细观察运动员的练习。运动员的行为最佳成绩成为评价的主要指标。需要修正动作时，必须重新评价，不断重复练习直到运动员的技能达到自动化的标准。整个过程有五大功能：

1. 建立友谊和情感：与另一个人交流是一个艰难的过程。

2. 技术反馈的呈现：使技能完善并巩固提升，透过问题进行工作。

3. 分析的应用：提供行动控制，决定何时使用特殊策略。

4. 对运动员（学生）的适应：调整方法以满足他们的需要、技能水平和背景等。

5. 个人的帮助：帮助运动员（学生）对自己实践新技能的过程建立好感觉。

教练策略转化成为教学策略是一个相对简单的任务。以学生替代运动员导致学生在教师指导下操练目标行为。在操练过程中通过提出恰当的问题，教师就知道如何使行为最优化。他们也可能要求学生描述运动的步骤。反馈成为评价的一种形式。有时候，学生被鼓励尽他们最大的可能解决问题以便于教师知道在何时干预是恰当的。教师通过让他们自己解决问题然后通过恰当的反馈来确定学生做什么。教练模式是高度个别化的，它要求教师与数量较少的学生一起工作。

搭脚手架的内涵是：使儿童或新手解决问题、完成任务或达到成绩最高目标的过程。就像一个建造工厂的脚手架被用来扩大工人的到达范围一样，一个学习的脚手架是一个暂时性支持系统——帮助新手弥合现在的能力与未来目标之间的裂缝。当学生接近目标并实现目标时，脚手架被逐渐移去。

教师通过提供附加教学、模式化或提出关键性问题等向学生提供支持。教师提供的支持根据学习类型、任务特征和材料的特点而调整。例如，有些学生不太需要提示，另一些学生则需要模式化。脚手架也可以以视听的形式提示学生，例如，课文的图式化和画片策略等。

（七）相互教学

相互教学是关于应用简单的具体策略进行阅读理解的指导性实践的程序。最早用于提高那些失去学习能力的学生的阅读理解能力，在使用后发现它对于大多数学生都有效，包括第二语言的学习。相互教学的策略对于任何涉及阅读理解的任务都有用，例如，从教材或参考书获得信息的阅读。

教师确立了相互教学的四个步骤，在学生被要求单独进行教学之前，要求他们在指导阅读的情境中配对练习。阅读理解的四个步骤是：1. 询问不清楚的内容；2. 一部分一部分地总结；3. 弄清楚要理解的问题；4. 预知将要出现的信息。

在相互教学中，教师和学生依次扮演教师的角色。学生以主动的姿态讲解教材内容，教师处于被动的地位，监控学生进步并提供反馈。此外，教师鼓励学生与学生之间进行相互教学。最终的目标是使学生熟悉这一策略并独立地应用它。

有数据显示，中间学校那些极其缺乏阅读能力的学生通过相互教学并采用阅读理解的步骤，数周以后，与控制组（没有采用相互教学）学生相比，学生在阅读理解的测验中得分明显高。

（八）自主学习策略

自主学习是个性化教学的基本精神，因而它就必须体现在所有个性化教学模式的实践中。自主学习的基本理念是：教学以学生为中心，充分尊重学生的自主性，学生在积极主动的意义建构中，建构自己完整的人格。因此，相应地，个性化教学的设施就意味着要满足学生在学习内容、时间、地点和形式上的自由选择，并且含有一系列新的学习观念。首先，要变被动学习为主动学习。在传统教学中，知识是由教师通过精心安排而传授给学生的，教师是主动的，学生却是被动的。自主学习则不同，学生是通过自己积极主动的学习而建构意义。其次，课程设置与课程内容的选择以学生的需要为出发点，知识的学习是服务于学生的意义的建构和人格的培养。最后，根据学生不同的学习风格，采用多元化的学习路径，即"殊途同归"，以寻求最佳效果。以学生为中心，就是要培养学生具有学习主人的意识，形成学生自主学习的行为习惯和运用知识的应变能力。学生从被动地接受教师的教到在教学活动中主动积极地学习，学生获得了独立自主的学习意向和学习能力，使学生具备适应未来"学习化社会"学会学习的素质。

较为经典的自主学习的策略是以教学单元的方式运作的。首先，建立一套完整的行为目标。行为目标由专家、教师和家长等根据现行的各种教材、教科书、补充读物等进行制定，包括各阶段为不同特点的学生所设计的各科学习目标。所谓行为目标，就是尽可能使目标可以操作。

其次，进行教学单元的设计。教学单元的设计旨在使每一个学生有适应其自身特点的学习计划。教学单元针对不同的学生设计教材、媒体利用、学习路径等项目。学生在教师的引导和帮助下按照教学单元的提示进行自主学习。因为每一个学生所使用的教学单元随目标的不同而不同，所以，教材的广度、深度、结构、进度、媒体、环境等因素都不尽相同。鉴于相同的教学目标有不同的教学单元计划，每一个学生可以自主选择适合自身的教学单元计划，进行自主学习。

其三，设计学习评价系统。与个性化教学相一致，教学评价着眼于每一个学生的发展，因此，其评价体系以标准参照测验为基本形式。当学生在一段时间的学习之后，学生可以自行决定接受测验，如果测验结果达到了预期的要求，那么，学生进行下一个教学单元的学习；如果学生没有通过测验，教师给予学生相应的辅导和帮助，使其最终达到对单元学习内容的掌握。

最后，建立计算机教学辅导和管理系统。个性化教学必须充分利用现代信息技术，来帮助学生进行自主学习；同时，又可以帮助教师进行教学管理，通过对学生的学习进度的个案记录，利于教师对学生的学习状况进行追踪研究，提供反馈，从总体上把握学生学习的进展情况。

另一种自主学习的策略是以人本主义的非指导性教学思想为依据进行设计的。人本主义认为，人的本性是积极向上的，这种积极向上的动力来自其自身的许多基本内在需要，人在自由活动中不断满足自己的需要，从而实现自我的价值。由于每一个学生都有自己不同的需要和抱负，教学就必须尊重每一个学生的特性，使每一个学生能够最充分地发展自己的潜力。

因此，非指导性教学的策略设计必须充分考虑每一个学生的经验、意向、需要、情感、兴趣等要素。教师在教学活动中在于帮助学生澄清其想要学习什么；帮助学生安排适宜的学习活动，提供适切的材料；帮助学生发现所学知识的个人意义；维持某种滋育学习过程的心理气氛。教师的工作，更重于支持而非批评，更注重理解而非控制，更注重真诚而非扮演角色。师生之间的关系更是一种平等的合作伙伴，而非控制者与被控制者的关系。学生是学习活动的主体，他们在教师的引导下，按照自己的兴趣和特点选择学习的材料和方法，能够自主地探索和自由的想象并自我评价学习结果。

根据上述个性化教学的理念，非指导性教学的自主学习策略设计为由情感释放、顿悟和统合三个要素构成的连续过程。在学习过程中，学生往往由于情绪问题而抑制其有效学习或解决问题的积极性。因此，要使学生能够积极主动地学习，首先教师就必须引导学生宣泄其心中的不快的烦恼与压抑。例如，某一个学生特别害怕做作业，教师不仅不能批评和训斥学生，而是应该消除学生的这种恐惧感，教师可以说："我也有过这种情况，我读书时也曾害怕做作业。"其目的是为了引导学生倾泻自己的烦恼，找到内在恐惧的原因。这样，学生通过宣泄，消除了恐惧感，丢掉负担，重组自我，以崭新的心态进入学习。当学生真正领悟后，将表现出自主自发自动的学习行动，追求新的目标，随着信心和独立性的增进，不断顿悟，自然发展统合的方向，使学习进入另一个阶段。

非指导性教学的自主学习的策略被分为五个步骤：1. 设置帮助性问题的情境。通过适宜于具体学生的助益性的问题情境，引发学生表达自己情绪情感的意愿，教师鼓励学生表现其情绪，通过情绪的宣泄，使学生具有积极主动学习的意向。2. 探索问题。在多元选择的问题情境中，鼓励学生找到自己感兴趣的问题，教师帮助理清学生的感受，使学生明确问题的意义。3. 开发学生的思维。学生努力通过各种方式使新问题与自己认识结构中的相关知识建立联系，引发思考，启发思维。4. 计划与决策。学生在教师的帮助下进行计划，作出决策。5. 统合。学生积极自主地学习，把材料的意义内化成为自己的富有个性化的目标。

（九）主题探索策略

传统教学中，课程的编制主要是以分科的形式呈现的。教学分科的依据是沿袭知识学科分类的逻辑，这种分科教学导致了教学中的学院模式，它过分地依赖理论和记忆，它给予了传统的、书面的和复述的表达方式以特殊的地位，损害了口语的表达、自发精神和创造性的研究。它任意地把人文学和科学分开，又拒不承认"科学的人道主义"

的出现。它把所谓普通教育化为技术教育，表现出对抽象思维的偏爱，而这种偏爱显然是过去贵族反对实际应用的偏见的具体体现，把实际应用视为奴隶们做的事情——犹如柏拉图谴责机械学的创造者一样。尽管学生在这种分开教学中记住了许多的知识，但是，知识的获得并没有形成学生意义的认知结构，更没有焕发学生自主学习的动机。"儿童不仅不再感觉到知识的统一性，而且他也许不再能很好理解他为什么要受教育，为什么要求他在学校里花掉这样长的时间。教学是抽象的、理论性的，是受某种知识概念所制约的，而且是同现实脱节的，正如学校是同它的环境脱节一样。学校生活的后果已经看不到了，而且人们也忘了：学校的基本职能是准备一个人去生活——以一种特殊的方式形成他的性格。但是教育也不明白到底它所要培养的是哪一种人；因而它也不把注意力集中到它的目的——儿童身上了……学科的分门别类和学校与生活的脱离，这两者显然是同时发生的，正如知识的分裂和学校与环境不相结合的事实这两者是同时并行的一样。"

个性化教学就是要克服传统教学中这种知识分裂的状况，要培养未来社会的全人格的主体，就必须使教学与实际生活紧密相连，就必须使知识具有统一性。因此，"我们必须教学生如何利用知识来源训练他们自己以及如何使用某些工具达到这个目的：这就完全改变了传递知识的结构和权威式的教学态度。因为这种传递知识的结构和权威式的态度乃是以法律上把独立负责的成人和具有依赖性而不承担责任的青年分成等级的办法为基础的。我们应该避免这种划分等级的办法。学校是同一些受人尊重的准则和它本身内在的目的相联系的。我们不能把这个教育世界和具体的宇宙分隔开来，在这个具体的宇宙之中，工作的要求、个人的义务和责任，都不允许人们试图处于高高在上和神圣不可侵犯的地位。"

个性化教学的主题探索就是把关于真实世界的知识以各种主题的形式设计，学生依据自己的兴趣、能力进行自由的探索，学生在教师的指导下，通过对与实际问题相关的主题的探索，培养解决现实问题的意识和创造性。在主题探索中，知识编制的逻辑不是学科的逻辑而是解决问题的逻辑。例如，在传统教学中，我们是以国家为单元，学习关于国家的政治、经济、文化等方面的知识的，其知识的组织是以单列的国家为中心，一个一个国家分开介绍的。但是，在个性化教学的主题探索中，知识的组织是以主题为单位，围绕一个主题展开学习、讨论和研究，当学生学习关于政治经济方面的知识时，是通过对不同国家的政治经济的历史和状况的比较分析，综合出其对国家政治经济方面的认识。

此外，主题探索的主题设计立基于现实生活中的实际问题。这样，当在未来社会生活中面临实际问题时，学生就不会不知所措，而是能够从容应付。根据学生的知识经验水平，我们把主题探索分为三种从易到难的类型：

1. 单一学科范围内的主题探索。以语文、数学、物理、化学、生物、地理、历史等单一学科为单元进行主题的设计。当学生的学习还处于较初级的阶段时，主题探索一般以单一学科为单元进行组织，主题的选题宜小，使学生具有可接受性，通过运用该学科的知识而充分表现学生的探索的精神和探索的能力。例如，人体的结构和奥秘、神奇的银河系、语言的魅力等等。

2. 跨学科的主题探索。当一门学科的知识受到局限时，主题探索必须借助两门及两门以上的学科的知识。例如，中文与英语的语法结构的差异、气候条件的历史变化对我国中原地区的经济发展的影响、毕达哥拉斯定理与勾股定理的思维差异比较等等。

3. 综合探索。综合探索是集学生所学的各科知识以及其具有的经验，对一个问题进行综合性的探究，提出自己的具有独立见解的解决问题的思路的教学策略。例如，上海与北京城市发展的比较探究，涉及城市发展的政治、经济、人口、地理、文化等方面的历史和现状等诸多学科知识的运用。

4. 自由探索。创设具有挑战性的情境性主题，使学生可以充分发挥自己的潜能，自由自主地探究。自由探索的主题尽可能贴近现实生活，把当前社会生活中所面临的问题及时地引入教学之中，培养学生解决现实问题的意识和相应的方法。例如，在一个关于"城市高架路口交通堵塞"的主题中，学生必须选定数个路口进行观察，发现路口堵塞与上下班时间的关系，发现不同地段堵塞的差异，发现路口的设计的大小与堵塞的关系……通过对各种因素的分析和总结，指出高架路口堵塞的主要原因和解决问题的初步设想。在这项自由探索中，学生要学会观察、记录、时间安排、组织人员、选定有代表性的路段和路口，以及运用所学的各科知识和自己的经验对观察记录作出系统的分析，并在分析的基础上提出自己的建设性的意见。

就主题探索的安排而言，一般分为以下几个步骤：1. 教师规划探索主题，形成主题库；2. 学生选择自己感兴趣的主题。可以是独立性主题，也可以选择小组集体合作探索的主题；此外，学生还可以自己提出探索的主题，在探索指导小组人们的评定和同意下，可以列入主题库；3. 学生自己收集资料阶段，教师通过各种方式便利学生收集资料的途径，即现实学校、社区、家庭的学习资源向学生全方位的开放；4. 制订探索计划，涉及时间的安排、人员的分工、组织与协同等；5. 探索活动。以多元的方式进行主题的探索和探究；6. 探索成果的汇展。

（十）同伴辅导策略

同伴辅导又称为学生配对的个性化教学策略，即指在多样化教学情境中教师安排学生通过一对一的搭配促进学生相互帮助的教学策略。它可以在下列三种情形中运作：1. 同一班级内的学生之间的相互辅导；2. 跨年级的学生之间的相互辅导，一般是较大几岁的学生辅导较小几岁的学生；3. 两个学生之间的平等的相互帮助，共同参与学习活动。前两种情形中，学生通过相互搭配，使需要帮助的学生获得辅导者，尽管同时可以存在一个辅导者拥有数个被辅导者的情形。第三种情形又可以称为同伴配对，属于非辅导性，主要是平等地相互帮助，共同参与学习，其扩充形式，就是合作学习，即多个学生共同参与学习活动并相互帮助相互促进。

在上述的三种情形中，就运作的便利性而言，以第一种情形最为普遍。在这种情形中，教师让一个对有关学习单元已经掌握（学习并内化成为具有其个人意义的知识）的学生，对一个需要帮助的学生进行辅导。在第二种情形中，主要利用年龄大的学生的经验、阅历等方面的优势来帮助年龄小的学生，这种辅导不仅可以帮助被辅导者的学业，还可以帮助学生发展其社会性品质。在第三种情形中，以3～5个学生的学习小组的形式建立融洽的学习共同体，以此促进学生的相互合作。研究表明，这种配对辅导的好处在于，由于同伴之间的合作的心理气氛较为自由而没有压抑感，他们因为害怕教师的权威而不敢问的问题，却可以与同伴大胆地讨论，从而获得解决问题的启发。此外，同伴之间在一种友好的关系中一般不会对那些不能理解问题或思想的学生进行批评和训斥，使他们可以充分表达自己的想法，培养了其"不耻下问"和敢于表达的学习态度，积极学习的行为习惯和相应的学习自信心。作为辅导者的学生在掌握相应的学习单元的过程中，更能了解学习过程中的困难所在，更能抓住被辅导者的学习问题，从而提高了学习效率。同伴辅导的成功的关键要素是同伴之间相互信赖的友好关系，他们自己以其同龄人特有的方式解释知识、提出疑难、寻求答案、巩固学习。其优点可以概括为：

1. 同伴辅导对那些不能够对成人辅导作出较好反应的学生效果明显；

2. 同伴辅导能够建立辅导者与被辅导者之间的友好关系，这极有助于使学习慢的学生融入班级的共同学习体之中；

3. 同伴辅导允许教师在班级范围内进行教学，但仍然给予学习慢的学生以其所需的个别化关注；

4. 辅导者通过学习如何辅导同伴的同时也相应提高了其自己的学习能力。

这种同伴辅导有两种方式，一种是解释型，即通过逐步的解释告诉事情如何做、如何发展；一种为总结型，即直接给予正确答案或改正被辅导者的错误。在解释型中，辅导者根据自己的理解来解释材料，这样会建立对原材料更好的掌握，直接给予答案则对概念重构没有多大的帮助。二者的差异表现在学业成绩上的差距，前者获得更多的帮助，后者相对较弱。在重复学习、练习操作和简单理解方面，同伴辅导较为有效。对于辅导者，必须进行适当的培训，使他们更能掌握帮助教学的诀窍。与常规教学相比，同伴辅导的教学效果明显。在基础学校的下述情形中，辅导教学的效果明显：1. 辅导者是教师；2. 学生在大多数时间处于同质班级之中；3. 辅导者必须与被辅导者共同学习工作至少八周以上，必须保持连续性。总而言之，辅导教学计划对于辅导者与被辅导者均有很大的帮助，它具有下述特征：1. 由教师建立具有进程规则的正式组织；2. 在基本技能、基础知识方面的教学；3. 解释型优于总结型；4. 一对一的辅导最为理想，至多不超过一对三；5. 辅导者与被辅导者的搭配可以不断地重新组合，以扩大学生之间的更广泛的交流与扩充视野。

对于同伴辅导教学而言，要使其更为有效，必须考虑下列因素在运作中的影响力：

其一，教师必须评估学生的需要，包括学生的学术需要、社会需要（如跨文化的、种族之间的差异与相互理解、同伴关系有助于理解各自的文化背景）和心理需要等。

其二，教师必须相信通过学生之间的同伴辅导对于其教学具有很大的帮助。

其三，安排专门的时间给予学生进行同伴辅导，使学生认真对待这项工作。

其四，一个辅导者与一个被辅导者共同学习工作的时间一般为一个月，然后人员搭配进行重新安排，防止因为时间的过长而辅导者扮演教师的角色，对被辅导者起支配作用。同伴辅导中学生之间的不断重组，可以使学生接触不同的同伴，在开放的人际关系中学会合作。

其五，教师为每一个辅导者通过必要的关于辅导的指导，使其能够胜任这项工作。

其六，辅导者与被辅导者之间不存在主试与被试的关系，双方之间只是一种真诚合作的平等的伙伴关系。

其七，确保每一个学生领会其各自的角色，并对自身角色感兴趣（例如，胆怯的学生必须学会承担辅导者的角色），教师给予指导，明确其辅导行为。

其八，通告学生的父母关于辅导计划的组织、目的、程序等，以期得到父母的支持。

（十一）适应性教学策略

适应性教学是通过环境的改变来适应学生的学习，通过教学形式的改变来适应学生的基本内在需要的个性化教学的一种策略。适应性教学策略的设计从两个层面考虑个性化教学促进学生学习的成功。

第一个层面的成功取决于以什么样的方式和在多大程度上学生的基本知识结构需要得到发展。这包括学生用以处理信息的技能，与学生兴趣、态度等相一致的课堂行为。适应性教学策略的要义是：学校课堂行为尤其教学质量以及学生持续学习的态度和能力是有差异的。简言之，学生在学习的每一个环节上都体现了个别差异，因此，教学必须不断对学生进行知识、能力和态度等方面的诊断，以及时把握学生学习的动向。

第二个层面的成功是通过教学的灵活性处理来满足每一个学生学习的需要和个性差异。教学以不同的多元化的方式个别化：不同学生学习每一个学习单元、学科的时间具有个别性；建立适合每一个学生特性的教学计划系统，使教学满足每一个学生的学习风格、天资禀赋、兴趣爱好和能力倾向等方面的特性。

在运作过程中，教师通过时间、教材和资源安排的灵活性来满足学生学习的需要：教学时间的灵活性安排能够满足学生的不同风格和学习速度，材料和资源的多样性提供了学生根据自己的需要、兴趣和能力进行学习选择的前提条件。例如，学生在语文阅读教学中，教师设计十多种不同层次的教学目标及相应的课程，每一种层次的课程包括三种不同要求的科目：第一种是必修类，由教师控制、学生必须修习的课程；第二种是选修类，允许学生在其中有选择性地修习科目；第三类为任选类，由学生任意选择学习科目。适应性教学策略通过多元有序结构化的课程来帮助学生认知结构的发展，学生完全可以根据自己的需要来决定和选择什么样的科目并以什么样的速度学习。

适应性教学策略的运作步骤分为以下几个阶段：1. 安置性诊断——教师通过各方面的考察来把握每一个学生的先决认知行为、先决情感特点；2. 教学前评价——就学生所要学习的科目的知识状况的评价，以确定其学习的起点水平，据此来施与相应的学习单元；3. 教学实施——学生可以在教师的指导下自由选择学习单元、自主学习；4. 单元测验——针对学习单元的学习进行学习效果的测验；5. 教学阶段性汇展——把学生学习的成果以多样化的形式展现出来，以此鼓励每一个学生的学习行为。

（十二）自治活动策略

自治活动是依据个性化教学理论设计的满足学生民主生活的一种教学策略。个性化教学培养的是一个生动活泼的"生活主体"。我们的每一个学生在离开学校后，他是生活在一个民主社会中。要使学生能够及时地适应民主社会的实际生活，学校就必须为此设计相应的具有真实民主气氛的教学情境。自治活动就是通过一种给予学生自治的机会，培养学生民主精神的教学策略。这里以尼尔创办的夏山学校的夏山自治活动为原型来讨论个性化教学自治活动的教学策略。

夏山学校是一所以民主方式自治的学校，一切有关团体的生活，包括对妨碍团体的犯规者都由星期六晚上学校大会投票处理。不论年龄长幼，每一位教职员和学生都只有一票之权，一个7岁学生的票和一位教师的票具有同等的效力。夏山学校的每次民主例会由一新主席主持，他是由前一任主席指定的，每星期一任主席，不得连任。而秘书的工作是自愿的。大会的成功与否，要看主席能力的强弱，因为他要维持好45分钟的民主生活的秩序。主席有权对与会捣乱者进行必要的处罚。教职员在学生讨论的过程中予以协助，但必须保持态度的中立性。学生的自治活动所讨论和决策的事情很多，包括学校校规、共同生活的行为准则以及随时发生的学校生活问题。例如，学生作息时间是每一个学期由学生自治活动讨论决定的，作息时间根据学生的年龄来决定。各种活动小组（运动小组、舞会小组等）均由学生讨论决定。其他的学生纪律维护者和纠察员均由选举产生。学生自治活动所讨论的主要是学生的行为问题。

尼尔认为，夏山学校的学生自治是很成功的，并且由此得出结论：如果一所学校没有自治，就不能算是一个进步的学校。在自治活动中，才能够培养学生的民主精神和自治能力，才能够使学生真正体验到民主自由的意义。

从现代学校的规模看，由于人数太多，学校规模的自治活动很难运作，于是，我们可以以班级为单位进行自治活动的设计。每一学期进行民主选举，由学生自荐作为班长候选人，进行竞选演说。然后由全班学生投票选举，以人数通过半数为准。当有两人以上超过半数票时，以多票者为准。当票数没有超过半数时，必须重新投票。新任班长组阁班级管理成员（即班级干部）。为了体现学生充分参与自治的民主精神，每学期的人选不得连任，包括所有的班级管理者。这样，小学六年、初中三年或高中三年中，每一个学生都有机会参与班级的管理与决策，从而培养了每一个学生良好的"公务员"的素质。在确立好班级管理成员之后，每星期举行一次民主方式的自治活动例会，讨论民主生活的行为规范以及裁决学生行为犯过的议案，其运作方式与夏山学校的自治同出一理。

第五章　世界中等教育改革

第一节　美国中等教育改革

（一）40—50年代：以促进教育机会均等为目标的改革

第二次世界大战对美国社会产生了深远的影响。战争加快了美国工业机械化和农业机械化的进程，吸引了大量的农村劳动力和妇女。但是，战争也带来了许多社会问题。例如，国内种族问题，南方黑人大量北移和西移，高出生率，贫困与失业，以及退伍军人的安置问题等等。这些问题最终又反映到教育中来，需要通过教育的改革来解决。

1944年，美国联邦政府颁布了以《退伍军人适应法》和《退伍军人职业法》为核心的《士兵法案》。联邦政府实施"联邦援助教育计划"，对退伍军人给予教育津贴，鼓励他们接受各种教育。除了一部分接受高等教育外，退伍军人中约50％接受了中等教育，包括中学教育、中等专业教育和中级技术培训等。1946年，美国联邦教育总署建立了"青年生活适应教育委员会"，1951年发表了《为每一个青年适应生活的教育》的报告，尤其在1954年发表了《展望为适应生活的中等教育》和《富有生气的中等教育》的报告，重点针对中等教育，阐明其应该如何适应青年的生活。

这次改革，就中等教育来说，有以下特点：1. 通过联邦政府的教育援助，使得美国本来只是初等教育的普及，很快进入中等教育的普及。2. 为适应青年的生活，中等教育的发展呈现多元化趋势，职业教育、技术培训、普通教育以及升学教育等，使得美国中等教育蕴涵更丰富的内涵。3. 中等教育成为国家解决社会问题（不平等、失业、贫困等)的重要途径。4. 以适应生活为主旋律，中等教育的实用性加强，学术性削弱。简言之，这是美国历史上第一次以促进教育机会均等为目标的教育改革。

(二)50—60年代：以提高教育质量(效能)为目标的改革

二战结束后，世界进入到苏美双峰对峙的政治军事格局。1957年10月4日，苏联成功地发射了第一颗人造地球卫星，这不仅使整个世界震惊，尤其使以美国为首的西方国家震惊。在震惊之余，美国朝野把矛头指向美国的教育，普遍认为美国教育的落后导致美国科技的落后。早在1953年，美国的永恒主义教育家赫钦斯就在其《教育上的冲突》中批评适应生活的教育，认为，适应生活的中等教育在实现青年教育机会均等的同时，必然导致教育质量的下降。此外，美国的历史学教授阿瑟·贝斯特、海军上将里科弗和化学教授外交家科南特等人批评美国50年代的教育造就了一代没有文化的美国人。

需要进一步说明的是，科南特的教育思想对美国随后的中等教育改革影响很大。科南特在其名著《今日美国中学》中，提出了一个全体中学生(9～12年级)的补修课程计划：英语4年，社会学科3～4年，包括历史(其中1年是美国历史)和一门美国问题或美国政体的高年级学程；数学1年，在9年级开设(代数或普通数学)；至少1年的科学，在9年级或10年级开设，可以是生物学或普通物理学。这里的"1年"是指一学年中每周5个课时的教学量。科南特还特别强调家庭作业的重要性，至少9～10门课程要有一定量的家庭作业。除了必修课外，还要包括体育、音乐和艺术在内的7门选修课程。科南特对其所提出的中等教育课程计划有以下要求：1. 公立中学的教学应该面向学生传授公认的事实和观念；2. 严格学业标准。对外语、数学、科学这类高深学术性的选修课，要坚持高标准，如学术未达到最低限度的要求，应毫不犹豫地让他不及格；3. 加强阅读和协作基本技能的训练。学校应有用于发展性阅读计划的设备。协作应占英语修习时间的一半，每一个学生平均每周写1篇作文；4. 培养科学态度。自然科学学科的教学，除了掌握必需的科学技术外，还要培养学生对于科学性质和科学方法的理解；5. 培养对民主制度的忠诚态度。

与此相应的，科南特主张能力分组。在追求"教育平等"与"教育效能"之间，科南特倾向于追求"教育效能"，他认为，美国本来就是一个"能人统治"的社会，只有能人统治，才能提高社会效能。而且可以促进社会流动和社会公平。能人统治要求教育真正能够把能人筛选出来，并培养成为真正的"能人"。因此，科南特主张"能力分组"，这是对美国50年代教育机会均等和中等教育大众化的反对，但是，又是提高教育质量的及时措施。

科南特的能力分组包括两项举措：一是保证"有学术才能"的人充分发展；二是从管理上保证教育的学术水准。科南特认为，在美国中学生中，有15％的人有学术才能，而其中的3％是"极具天赋"的学生。因此，美国的中等教育不仅要注意15％的人的才能的开发，尤其要开发天才儿童的才能，只有这样，他们才不至于被教育"埋没"，美国才能在能人统治下成为世界强国。为此，科南特为这些有学术才能者提出了培养课程清单：4年数学、4年第一外语、3年科学、4年英语、3年社会科学。上述的必修课程，每周必须配备15个小时的家庭作业。如果学生愿意选修第二外语和外加的社会学科的话，那么，整个中学期间就要修满20个学程，且每一学程的成绩至少要达到C等，否则不能升级。对于3％的学生来说，在高中阶段通过筛选组成特殊班级，学校指派导师对他们进行指导。

科南特认为，要保证中等教育的学术水准，校长必须为每年有学术才能的学生提出修业计划；每年为学生进行学术性向测验；制订每年升入大学的百分比。其次，不按课业的平均成绩给学生排名次，为了避免聪明的学生为了取得高分而选修容易取得高分的学科。其三，改革高校招生办法，即通过考查学生全部的成绩单及鉴定评语来选拔入学。最后，除了每个学日至少安排6节课外。还要开办暑期学校等课外辅导教育机构。

1958年5月，在苏联卫星上天之后，美国组成了以杰尔季克为团长的由美国教育委员会领导成员组成的10人代表团访问苏联，了解苏联教育情况。代表团访问苏联的最深刻的印象是，苏联教育的重视程度使代表团的每一个成员"惊叹不已"。1958年9月，美国出台了《1958年国防教育法》，共十编。第一编"总则"开宗明义地指出，美国"国家的安全需要最充分地开发全国男女青年的脑力资源和技术技能"，"本国的国防有赖于由复杂的科学原理发展起来的现代技术，也有赖于发现和发展新原理、新技术和新知识"。《1958年国防教育法》同样强调联邦政府的教育援助计划，但是这种援助的重心发生了转移，从面向全体青年的适应生活转向面向"有学术才能的学生"；从面向实用性课程转向面向学术性课程；从面向简单的技能培训转向面向全面的职业技术教育。

关于有学术才能的学生的援助，法案规定，为了鼓励学生完成中等教育，可以"以各种方式向个人和州以及州的下属机关提供实际援助"；援助成绩优异且有志向成为中等教育教师的大学生；对中学阶段的天才学生给予奖励；援助各种发现有才能学生的教育机构的测验、指导等工作。

关于课程方面，法案规定，"为加强自然科学、数学、现代外语和其他重要科目的教学而提供财政援助"。主要给予"新三艺"——自然科学、数学和外语在课程与教学建设中增加新的设备设施方面的援助。

关于职业技术教育方面，鉴于当前为中学生提供的职业教育计划的范围和效用非常有限，在实施手工业和工业教育计划的学校中，约有一半的学校只提供四项或更少的计划，涉及的职业面很狭窄等问题，美国联邦提供高达八亿多美元的援助计划，全范围地改革美国的职业技术教育，主要针对于中学生、中学毕业生或肄业生、中学辍学者等实施中等及以上程度的职业技术教育，且职业技术教育的理念从传统的培训观念转向全方位高质量的职业教育体系。联邦对各州援助的目的在于，建立一个完备的职业教育系统，促使州内所有社区中的每一年龄组的人都可以通过灵活的方法接受高质量的职业技术教育。

《1958年国防教育法》颁布之后，1959年美国科学院和美国科学促进协会组织了35位科学家、学者和教育家参加的伍兹霍尔会议，讨论美国"新三艺"的改革。与会者分成五个小组讨论课程设计的程序、教学的辅助工具、学习的动机、自觉在学习和思维中的作用和学习中的认知过程五大问题。会议的结果，以著名心理学家布鲁纳的名义发表了《教育过程》一书，第二年出版。《教育过程》从四方面阐明了未来美国中等教育及其课程教学的基本思路：

其一，学科的基本结构是教学的中心。布鲁纳认为，学科的基本结构是指各门学科的基本概念、原理和方法。"一门学科的课程应该决定于对能达到的给那门学科以结构的根本原理的最基本的理解。"因此，学生学习和掌握一门学科，也就是学习和掌握学科的基本结构，也就是学习和掌握学科的基本观念、原理和方法。鉴于此，必须对过去的课程教材进行改革。

其二，教学的方法是教学效果的关键。布鲁纳在其《教育过程》"学习的准备"中的第一句话说："任何学科都可以用某种真正理智的方法有效地教给处于任何发展阶段的儿童。"因此，教学改革必须创造新的教育教学方法，使之适应所有的儿童。

其三，"螺旋式"演进的课程体系才能够符合学生学习的心理逻辑。

其四，鼓励学生发现学习。对于学生来说，"发现不限于寻求人类尚未知晓的事务，确切地说，它包括用自己的头脑亲自获得知识的一切方法。"发现学习就是通过教师的引导、启发，让学生自己从已知的材料中，概括出原则和规律，从而获取新知识的一种教学方法。之后，美国出现了中等教育学科结构改革运动。例如，由物理科学学科委员会编制的物理学教材；美国生物科学协会主持的生物学课程研究；中学教育研究组和伊利诺斯大学中学数学委员会编制的数学教材；美国全国英语教师协会编制的表达英语计划；美国教育总署创办的表达社会学科，包括中学社会学、中学人类学和中学经济学等；美国现代语言协会组织编制的现代外语教材。

由此可见，以美国《1958年国防教育法》为起点的10年教育改革，是把教育与国际竞争力尤其是国防力量联系起来。这样，教育也就从适应青年的生活转移到以提高教育效能为目标。美国中等教育的主旋律从大众化方向转向精英化方向，即把主要精力、时间和财力放在具有学术才能的15％的学生身上，课程、学科、知识以及教学方法等的改革，也主要适应具有学术能力的学生。10年的发展，美国在科技力量方面的确取得了举世瞩目的成绩。1969年7月，美国阿波罗11号宇宙飞船载人登月且返回地面成功，充分显示了美国的综合竞争力。但是，在美国推行《国防教育法》和学科结构改革的同时，美国教育机会均等的问题又加剧了；美国还有1/3的人生活在贫困线之下；南方爆发了马丁·路德·金领导的黑人民权运动；女权运动；社会青年反主流文化的嬉皮士运动和性解放运动；大学校园爆发的反对越南战争游行席卷美国的主要大城市……因此，美国的教育及中等教育又得进行新一轮的改革。

(三)60—70年代：以实现教育机会均等为目标的改革

由于上述种种问题，美国总统约翰逊提出"向贫穷开战"的"伟大的社会计划"。中小学教育也成为"伟大的计划"中的一部分。通过教育，实现美国的教育机会均等，消除贫困，成为美国60—70年代中等教育改革的中心主题。

表现之一，1968年4月，美国国会通过的《中小学教育法》是一个历史性的突破，联邦政府的教育开始转向教育机会均等，通过联邦的大宗的教育援助来改善和提高所有美国中小学学校的质量，尤其是改善贫民窟、黑人聚居区和老城区等的中小学校。

表现之二，就是美国出现了"自由学校"或"选择学校"运动，即学生和家长可以自由选择孩子上学的学校。自由学校，就是一种民主的、合作的、无结构的教育，就是学校在办学方式上不拘泥于任何的形式，创建新型体系，使之与公立学校共同存在，供学生和家长选择。这种学校是新型的，因为它可以没有校园、没有教室、更没有围墙……许多家长喜欢这类学校，但是，他们也担心孩子在读、写、算和社会科学等方面学习不到什么东西。因为，学校根本不教这些知识。

表现之三，1974年，美国国会通过了《生计教育法》，标志着美国教育改革回到了大众化的方向上来。生计教育是1971年由当时美国的教育总署署长西德尼·P·马兰提出的。其意指一种综合性的教育计划，其重点在人的全部生涯，即从幼儿园到成年，按照生计认知、生计探索、生计定向与生计准备、生计熟练等步骤逐步实施，使学生获得谋生的技能，并形成个人的生活方式。1971年，联邦教育总署就拨款900万美元，资助各州进行"生计教育"实验；1973年又拨款1.68亿美元推广"生计教育"实验；1977年美国国会众议院专门设立一个"生计教育五年计划"，拨款5亿资助这一计划的实施。

中等教育是美国生计教育的主要组成部分，在以学校为基础的生计教育模式中，7～9年级是生计探索阶段，主要使学生了解他们感兴趣的职业群。10～12年级为职业生计的准备阶段，一部分学生接受职业教育后参加工作，大部分学生在综合中学学习，作好升学和就业的准备。12年级为专业教育。那么，中学里的生计教育是怎样具体做的呢？这里举例说明。

西北中学是底特律市一所黑人学生占绝大多数的中等学校。在推行生计教育后，它得到了来自莱斯勒基金会的资助，翻修了校舍，建立了安装汽车制造的设备优良的训练场地，建造了对工作进行测验和谈话的调配室、办公室及数据处理中心，给学生提供探索和训练的机会。

地平线中学是达拉斯市的新建中学。它是真正的三种学校合一的中学——综合中学：1. 它是为居住在附近学区的学生们的一般宗旨服务的综合中学；2. 它有生计发展中心，在那里来自达拉斯市其他中学的学生在28个生计群中选择每天进行三小时的工作；3. 它有社区服务中心，在那里有3 000名夜校学生（成人和辍学者）读手工和艺徒制课以及取得中学文凭的学理课。但是，正是那个生计发展中心使得地平线中学不同于一般中学。在地平线中学中，学生们可以在学校自己的暖房或飞机棚或实际建造间工作，从绘制蓝图到做细木工、安装线路、园林设计、广告策划与设计等，样样都有。学生们可以修习非常广泛的生计教育课程，其中许多是中学与地方工商业机构合作举办的。"地平线"成了全市生计教育的中心，吸引了其他中学感兴趣的中学生，把学术性课程与生计教育课程融合起来的尝试，且实行生计教育工—读结合计划，是对传统中等教育课程的改造，是为了满足绝大多数中学生的教育需求的努力。学校把课程分为：学术性课程、职业课程以及带薪的部分时间制课程，且每个学生均可以在不同的课程中间选择自己感兴趣的内容。由于有了一定收入的鼓励，且大大降低了中等学校学业的难度，在实施这项计划后，辍学的学生大为减少。

美国60—70年代的选择学校运动和生计教育运动成为美国家喻户晓的教育运动。其实施之后对美国社会的冲击也是非常大的。中等教育学校又成为美国展开选择学校运动和生计教育运动的主要阵地，从其对社会的正面影响讲，有以下方面的意义：1.教育面向全体中学生，提高了全体中学生的生计能力，使中等教育成为美国推行教育机会均等的途径之一。2.通过教育运动改变了过去中等教育过高过难的情况，使对学术课程缺乏兴趣的中学生能够对教育感兴趣，大大减少了中学的辍学率。3.通过实施教育运动，改造贫民窟、少数民族居住区的中学，缓解了这些区域的社会问题(种族歧视、失业、辍学等)。4.通过生计教育，那些没有升入大学的高中毕业生可以很快地就业或接受进一步的培训。但是，激进自由主义的选择学校运动和实用主义的生计教育运动对中等教育的负面影响也是非常明显的。这就是：自由学校的自由成为没有知识学习的自由，学生既缺乏知识的学习，也缺乏必要的纪律的约束，使美国青年一代成为既缺乏文化的一代又缺乏道德的一代。生计教育的实用性削弱了中等教育课程的学术性水平，以照顾全体为目标导致了中学学术质量的明显下降。尽管生计教育计划也努力把学术性课程与职业性课程融合起来，但是，融合的前提就是要降低原有学术性课程的标准。

(四)70—80年代：以提高学术质量为目标的改革

激进自由主义观念影响下的60年代的选择学校运动和生计教育运动就是对50年代末精英教育、学术性教育和命令主义学校的反抗。但是，开放教育、自由学校和生计教育运动的结果是，美国中学管理的松散使得青少年缺乏基本的纪律观念和道德观念，且基本知识技能下降。美国有关机构对中小学生的学业情况进行了调查，结果发现，自60年代中期到70年代中期，中学生的学术性测验成绩一直下降，表明美国青年一代的学术水平下降。而美国青少年道德的沦丧是社会有目共睹的问题。为了纠正和扭转这种状况，70年代美国出现了"回到基础"教育运动或回到"基础学科运动"的教育改革。民意测验表明，76％的人赞成"回到基础学科"去。那么，"回到基础学科"在中等教育中是什么内涵呢？

事实上，"回到基础"运动并没有系统的理论，也没有统一的领导机构，而对于什么是"基础"，倡导者们并没有明确的界定。美国中等教育"回到基础"运动的内容包括：

第一，中学应该更多地注重英语、科学、历史和数学的教育；

第二，学习活动应更经常地由教师指导；

第三，应更多地强调练习、复述、作业和评定；

第四，纪律应严格，服装要合学生仪表；

第五，升级应按成绩，而不是年龄或在班级的时间；

第六，应该从公立学校课程中去掉种种"虚饰"性课程，如吹笛子、打排球、性教育等；

第七，取消选修，加强必修，包括英语语法和美国历史等；

第八，取消那些"新数学"和语言学方法之类的革新课程；

第九，取消学校的"社会服务项目"，因为它们占去基础课程太多的时间；

第十，把爱国主义列入课程中的重要组成部分。

"回到基础"运动的结果，许多州通过了法律，规定了公立学校对基本技能进行最低限度能力测验的要求。从学校来说，课程和教学发生了很大的变化，学校加强了基础学科的教学，砍掉了新数学等；教学方法强调练习、复述和记忆等；最低限度能力测验规定一个学生升级或者毕业必须达到的分数。到 1979 年，美国有 39 个州制定了中等学校的最低限度能力测验，中学毕业生所要达到的基本技能包括读、写、算、身体灵巧、解决问题、人际关系等。事实上，"回到基础运动"并没有在很大程度上改善美国教育的质量，提高青少年的"基础能力"，美国中学教育质量在继续下滑。

1981 年美国成立了国家教育优异委员会。该委员会发表了《国家在危急中，教育改革势在必行》的报告，报告指出美国中等教育质量下降的情况：中学生在大多数标准化测验中的平均成绩低于 26 年前苏联发射人造卫星时的水平；10年前对中学生19种学业测验成绩所作的国际比较显示，美国学生从来未得过第一或第二名，其中有7次是最后一名；从1963年至1980年，中学生学术性测验成绩逐年下降，语文平均成绩下降50多分，数学平均成绩下降40多分；1973年和1977年全国理科成绩的评定，中学生的理科成绩下降，其中，功能性文盲占13％，少数民族青年中功能性文盲占40％。

报告认为，美国中学生成绩下降的原因，很大程度上是其教育过程本身存在的缺陷造成的，比如课程设置庞杂、中学毕业要求低、学习时间短、师资水平差、资金不足以及管理不善等。报告针对这些问题，提出了一套教育改革的目标和办法。

其一，加强新基础课的教学。美国中等教育是单一轨制的综合中学，其分流教育体现在课程设置上，即分为三轨：一轨为升学作准备的学术轨；一轨为就业作准备的职业轨；一轨为适应生活作准备的普通轨。其中，普通轨的要求最低且质量最差。由于其要求低，许多中学生选择普通轨，1964年为12％，1979年为42％；普通轨学生所得的学分中，25％为体育、卫生教育、校外工作经验、英语和数学的补习以及个人服务和发展的学程；而修习学术性课程的人数较少，如修完中等代数的人只有31％，修完语法的只有13％，修完地理的只有16％，修完微积分的只有6％。这种现状是美国中学生成绩低下的症结所在。针对美国教育上这些弊端，该委员会建议要加强中学的毕业要求，凡要取得中学文凭的学生，都要对五门新的基础课打下基础。在四年中学期间所要修完的学程为：英语（美国本国语文），四年；数学，三年；自然科学，三年；社会科学，三年；计算机科学，一年半。其具体要求如下：

(1)中学英语教学。要使毕业生达到：①领会、解释、评价并使用他们所读过的东西；②写出很有组织、有效果的文章；③有效果地听取和明智地讨论各种观念；④知道美国人的文学遗产以及它怎样提高人们的想象力和伦理理解力，它与今天美国生活和文化上的风俗、观念及价值有什么关系。

(2)数学教学。应该使毕业生达到：①懂得几何和代数的概念；

②懂得概率和统计的基本知识；③把数学应用于日常生活；④估计、近似、测度、检验他们的计算准确性。此外，对要升学的学生，要学习新开设的要求更高的科目。

（3）自然科学教学。应该给学生介绍：①物理科学及生物科学的概念、规律和过程；②合乎科学的探究和推理的方法；③把科学知识应用于日常生活，科学技术发展在社会上和环境上的含义。

（4）社会科学教学。应该使学生达到以下要求：①能确定他们在更大的社会及文化结构中的地位和可能性；②理解形成世界的古代观念和现代观念的范围；③理解美国经济制度如何运转以及美国政治制度如何发生功能的基本原理；④理解美国说的所谓"自由社会"与"专制社会"的区别。

（5）计算机教学的要求：①懂得计算机是信息、计算和通信的器具；②在学习其他基本课的时候，以及为了个人和工作的目的，会使用计算机；③了解计算机、电子学及有关技术方面的情况。

其二，提高教育标准要求。报告中对中学毕业生提出了毕业时的标准和要求，即中学毕业生应具有的知识、能力、技能和水平，也指时间、难的课业、行为、自我纪律以及学生得到好成绩重要的动机。对学生们说，这些期望有几种不同方式的表现：①分数，它反映学生掌握教材的程度；②毕业要求，它告诉学生哪些学科是最重要的；③严格要求，要求学生在得文凭或学位之前显示对内容和技能的掌握；④学院入学条件，它强化中学的标准；⑤教材的难度，它们是学生在课文和布置读物中碰到的。

美国国家教育优异委员会指出，美国中学高年级学生家庭作业少，在调查对象中，有2/3说每晚不到1小时，学生的成绩下降但是分数却增高了。美国中学学习数学和自然科学的时间只有其他发达国家的1/3。为此，该委员会提出如下建议：

（1）分数应成为学业成绩的指示器，以便能把它作为学生对进一步修业有了准备的依据；

（2）提高大学的入学条件，以便相应提高中学毕业要求；

（3）强调从中学向学院学习或工作过渡时，举行标准化成绩测验；

（4）教科书及其他教学工具应该更新换代；

（5）州和学区在考虑采用教科书时，应根据它能否清楚地提出扎实而富有竞争性的材料，来评定课文和其他材料；

（6）任何学科不是仅一种教科书就能够满足学生需要的，应为处境不利的学生、学习差的学生、聪明和天才学生提供相应的教科书。

其三，延长学习时间。由于美国中学生花在学校课业上的时间比其他国家的中学生要少得多；由于花在教室和家庭作业上的时间往往得不偿失；由于学校在帮助学生无论是养成要善于使用时间的修学技能上，还是养成在学校课业上花等多的时间的意愿上，都做得不够。教育优异委员会提出了关于时间方面的下列改革建议：

（1）应给中学生布置比现在更多的家庭作业；

（2）有效率使用学习和工作时间的技能；

（3）学区和州立法机关应坚持考虑 7 小时的学日，以及 200～220 天的学年；

（4）应通过教室的合理安排最大限度利用学习时间，必要时给学习差的或其他需要因材施教的学生增加时间；

（5）制定学生操行守则，减轻教师维持纪律的负担；

（6）对出勤给予奖励和处罚，以减少旷课和迟到；

（7）减少教师的行政负担及有关干扰，以增加用于教和学的时间；

（8）学生的编制和分组，升级和毕业，都应以他们的学习进步和教学需要为准绳，不应刻板地与年龄挂钩。

其四，提高师资质量，改善教师待遇。教学的效果和质量如何，关键在于教师的质量和水平。该委员会指出，当前美国的中学教师的总体质量不高，吸引不了学业上有才能的学生来任教。教师来自学院毕业生中最差的人太多，新聘用的数学、科学和英语等学科教师中，有一半不合格。此外，美国中学中有1/3物理教师不合格。造成这种不良情况的主要原因，是教师工资待遇和社会地位太低，及忽视了现有教师的进修培训。为此，该委员会提出改善师资的下列建议：

（1）提高教师在从教性及业务能力方面的任职条件，严格审定从事教师职前教育的学院和大学；

（2）提高教师的工资，教师的收入要依据每一个教师的工作业绩；

（3）学校委员会对教师实行 11 个月的聘约，以保证教师有提高自己业务能力或照顾特殊学生需要的时间；

（4）建立教师职称制度；

（5）聘用非学校人员，以解决某些学科师资短缺的问题；

（6）采用物质鼓励手段吸引优秀学生到教师行业中来；

（7）骨干教师参与设计教师培训计划，并参加处于试用期的教师的视导工作。

其五，加强领导和财政资助。

可以说，80 年代的美国教育改革的主旨，就是追求"教育优异"，就是为了改变原来教育大众化所导致的"教育平庸"的局面。自 1983 年颁布《国家在危急之中，教育改革势在必行》之后，到 1988 年美国联邦教育部长威廉·J·贝内特公布《关于美国教育改革的报告》，可以说，在消除"平庸"方面，美国中等教育取得了不少成就。

第一，加强了基础课程的教学。改革后，中学的课程设置消除了以往的"冷菜拼盘"的现象，设置了国家教育优异委员会建议的统一的 5 门新的基础课。根据教育部 1987 年所作的调查，1982 年只有 1.9％的学生完成了 5 门基础课的学习，而 1987 年的比例为 12.7％。美国中学生近 15 年来避难就易地选择普通轨课程的倾向减弱了，学习普通轨课程的学生从 1982 年的 35％下降到 1987 年的 17％，这一变化反映中学正在恢复严格的学术课程及标准。此外，现在课程的分配比例更集中于基础课程。

第二，提高了中学生的学业成绩。1963—1980 年，美国中学生的高考的平均分数下降了 90 分，但是，自 1980 年以来，高考成绩回升了 16 分，最近三年的高考成绩连续稳定在 906 分左右。此外，学生的阅读成绩略有提高，11 年级学生的写作能力稍有提高；自 1979 年以来，参加大学董事会成绩考试的学生的数学水平提高了 11 分，地理成绩也不错。

第三，学生的出勤率提高了。1985 年，学生平均每天的出勤率达 94.2％，是美国中学生出勤率有史以来最好的时候。

但是，美国中学教育并没有达到"优异"，因为，中学生的纪律仍然涣散，全国18～19岁青年的中学毕业人数的平均百分比只有75％，仍然有25％的辍学生。因此，美国中等教育还要继续改革。

(五)20世纪90年代：以兼顾"教育机会均等"和"教育质量"为目标的改革

进入90年代，美国政府继续大力支持教育事业的发展，尤其是关注中小学教育的发展。美国的前总统布什和克林顿都宣布要成为"教育总统"。中等教育一直成为美国教育改革的中心环节。因为，中等教育承担输送合格劳动者和大学优秀生源的双重任务，是优异教育的主要一环。因此，在面向21世纪美国的教育改革中，中等教育是美国全面改革的主要部分。在美国90年代的教育改革相关报告和法案中，几乎都与中等教育密切相关。这里就改革报告和法案中涉及中等教育改革的内容进行介绍。

1."2061计划"

1989年由美国科学基金会出资的，由美国400名科学家、教授、教师以及科学、教育机关的负责人合作研究提交的《2061计划：为全体美国人的科学》的报告。所谓"2061计划"，就是指这一计划在2061年开花结果，美国人在2061年受惠。从这一点上反映出，美国人对教育具有远见卓识，美国舆论界就把2061计划称为美国历史上"最雄心勃勃"的教育改革计划。

为了使美国人都能够掌握科学，专家们将美国中小学教育的科学知识浓缩为12大类：科学、数学、技术的本质、总论；后9类为：自然界构成、生态环境、人体机能、人类社会、技术世界、数学世界、科学史观、共同主体和思维习惯。学生在中学毕业前学习这些课程，每一学科要综合自然科学、社会科学和数学知识，还要有必要的技能训练。

2.《美国2000年：教育战略》

1989年9月，新任美国总统布什在弗吉尼亚州的查罗泰斯维尔召开了包括各州州长在内的两党教育高峰会议。会议为美国"国家教育目标"的基础工作作了安排，规划了美国必须努力奋斗去达到的教育成果的前景，会议决定在1990年为全美中小学制定一个在六方面达到国际性竞争水平的教育工作目标。1990年1月18日，联邦政府教育部公布了由布什总统批准的全部教育计划。其中的主要项目是，要求国会增加教育经费，提高中小学教育质量。新的教育计划决定增加2.5亿美元建立"荣誉学校"奖励制度，从而激化了学校之间的竞争。这项计划还决定改变原来以区划片就近入学的办法，主张学校公开招生，由学生和家长来选择学校。

1991年4月18日，布什总统签发了由教育部长亚历山大负责起草的全美教育改革文件——《美国2000年：教育策略》，提出了美国2000年必须实现的教育战略，其中与中等教育相关的有：其一，为了今日的学生，必须从根本上改进现有的包括中等学校在内的11万所学校，把这些学校办得更好，更为其结果负责。其二，为了明日的学生，必须建立新一代美国学校，满足新世纪的需要。到1996年，至少建立535所这类学校，到第十个年头达到上千所。其三，加强那些没有完成中学学业而进入劳动力行列中的青年的再教育和继续教育，对他们来说，必须学习不止。其四，加强中等教育与市区和家庭的联系，必须使每个社区都成为可以进行学习的地方。相应的中等教育的目标包括：①高中毕业生将至少提高到90％以上。②所有的中小学生的核心学科都能够及格，学生在初中和高中毕业时，要证明有能力在英语、数学、自然科学、历史和地理学科内容方面应付挑战。③美国学生在自然科学和数学方面的成绩要在世界上名列前茅。④每一所美国学校都没有毒品和暴力，提供一个秩序井然的有纪律的学习环境。

3.《美国2000年教育目标法》

1993年4月，由上台不久的克林顿总统宣布了名为《美国2000年教育目标法》的教育改革法案。2000年教育目标法包括国家教育目标，全国教育改革的领导、标准和评鉴，州和地方教育体系的改进和"国家技能标准委员会"及其成员、经费和职责。其改革要点如下：①成立包括两党成员在内的"国家教育目标专门小组"，对国家教育目标进行立法及领导，小组由8名州长、4名国会议员、4名州的法律专家及2名总统指定人员组成，每年经费为 300 万美元；②面向全体学生，编订供各地自愿采用的课程标准，阐明：在每一学科领域里，什么是所有的学生们所必须知道的，以及有可能做的；还要建立更好的评估体系；③编订"学习机会标准"，为学生提供更好的机会，使教与学所必需的条件一致，以保证所有的学生有机会达到高标准；④建立"国家技能标准委员会"，以推动技能标准、职业标准的编订和采纳；同时推行证书制度，以保证未来美国工人处于世界上最好的训练之中；⑤帮助各州和地方社区，包括政府官员、教师、学生家长、学生以及工商企业界领导人，更多地介入学校计划和改革之中，特别要致力于教师专业水平的发展提高；⑥增强各州和学区的机动性、灵活性。

4.《改进美国学校法》和《学校与就业机会法》

《改进美国学校法》是 1993 年拟订的，是在 1965 年的《初等与中等教育法》的基础上拟订的。法案主要是强调和规定联邦政府必须为低收入的社区学校提高资助和支持，使贫穷学生能够提高知识和技能。这个法案确保有 1/2 的资助致力于全国最贫穷的地区（其比率至少占全国的 21.5%），这些地方有 45% 的贫困学生。目前 43% 的学生得到了资助，为此，联邦政府 1995 年增加 5 000 万美元的拨款，以贯彻落实这个法案。

《学校与就业机会法》是美国 1993 年颁布的法案，法案规定，将由联邦政府提供发展基金给各州政府，组织就业训练服务，以帮助离开校园的高中生比较顺利地找到工作。克林顿在强调这一法案的重要性时，曾经发表过演说，认为美国过去忽视了那些无法升学的高中毕业生或肆业生的就业培训，他们身无一技之长，经常变换工作，难以从事高收入、有前途的工作。由于教师及学校关心的是那些有希望升入大学的高中生，所以，这些没有希望升入大学的高中生成为美国年轻人中"被遗忘的一半"。从 1975 年到 1989 年间，美国 25 岁以下的高中学历的就业者，薪水下降了 40%。因此，为这些人进行就业前培训服务，是这一法案的基本目的。

这些改革法案充分体现的是，进入 90 年代后的美国教育改革的更高更全面更综合的教育目标：关注全体美国人的教育，关注所有美国学生的教育必须达到的标准及达到标准的过程。就中等教育来说，既关注能够升入大学的中学生的教育，又关注那些高中毕业或肆业直接进入工作岗位的学生的教育。为了实现这一目标，教育改革的关键是课程教学改革和学校制度的改革。从政府的立场看，就是加大财政投入和教育立法，使教育改革有财政基础和法律保障。从学校结构看，美国教育改革的后果是，美国各地出现了一种新型的学校机构——特许学校。

第二节　英国中等教育改革

20世纪初，英国中等教育仍然属于为上层社会子女服务的精英教育。一战之后，工党就提出了中等教育大众化的主张，中等教育结构必须改革。1924年，工党首次上台，正式提出了"人人有权受中等教育"的口号，并任命以哈多爵士为主席的调查委员会对英国的中等教育进行调查。1926—1933年，哈多三次提出发展中等教育的报告。其中，1926年的《青少年教育》报告（又称为《哈多报告》）影响深远。1942年工党以促进教育平等为目标，明确表态支持共同学校——多边学校即后来的综合学校。但是，由于战后英国各种社会问题，其教育政策导向的是精英型中等教育，使英国中等教育综合化运动推迟。

（一）"三分制"中等教育制度的确立：重视中等教育的学术质量

1938年，英国政府颁布的《中等教育》报告明确，英国中等教育由文法中学、现代中学和技术中学三类学校构成。二战结束前夕，英国组成了由丘吉尔担任首相的由保守党、自由党和工党共同执政的联合内阁。英国政府在抗击法西斯主义的同时，开始重建家园的工作。1943年英国教育委员会发表了《教育重建》白皮书。教育委员会由政治家巴特勒担任主席，经过2年的调查研究提出了《教育重建》白皮书。它对1944年教育法产生了直接影响。1944年教育法又称为巴特勒法案。

作为保守党政治家，法案集中继承了自 19 世纪末以来英国历次重要法令所提出的教育改革建议，根据战后英国经济受损、财力不足、资源严重缺乏以及社会恢复和发展对教育的实际需要，接受了 1926 年《哈多报告》提出的"11 岁以上人人受中等教育"的政策，建议按照 1938 年的《斯彭斯报告》中提出的"三类中学"模式设置文法中学、技术中学和现代中学，并提出：各类学校之间虽然严格区分但地位同等且可互相转学。中等教育"三分制"的主要依据是儿童的爱好与能力各不相同，对他们的教育也应有所不同。为了测量学生的爱好与能力，并挑选他们进入与其爱好与能力相一致的学校，英国建立了全国性的选拔考试制度——"11 岁考试制度"。当人们对中等教育"三分制"在教育机会均等方面提出问题时，巴特勒认为，"教育机会均等"不是"教育机会相同"，没有选择性和多样性，就会妨碍和延误"不平凡的儿童"的成长。此外，采用"三分制"，是与英国传统教育精神相一致，即只有精英型教育，才能有效培养英国未来的领袖人才，因为"领袖人才的吸收和培养始终是英国教育理论和实践的中心课题"，而英国的传统精神就是以柏拉图的模式作为原型的英国民主政治的中心思想。

我们知道，1945～1951 年间，战后首次在选举中以绝大多数当选上台的是英国的工党政府，工党政府一向推崇的是中等教育的大众化和中等教育的综合化。1942 年工党明确支持多边学校，1952 年工党开始公开反对中等教育的"三分制"。而保守党则是坚决拥护和捍卫中等教育的"三分制"。但是，为什么工党政府上台后推行的却是中等教育的"三分制"呢？

从客观上讲，战后初期英国经济形势不好，战争造成的损失巨大，废除文法学校组建多边学校显然财力不足。从英国中等教育发展看，有利于三类学校的发展，因为三类学校都已经在不同程度上得到发展。从主观原因看，战后首次执政的工党内部，包括首相和教育部长以及许多议员在内的成员，都明显倾向于按照三类学校发展中等教育，反对废除文法学校。因为他们中的许多成员本身就是毕业于文法学校并受益于文法学校的教育，他们把文法学校视为劳动阶级子女向上流动的阶梯和成功之道。此外，工党内部许多成员把文法学校视为削弱公学和直接拨款学校地位的武器。这样，工党政府在战后所推行的中等教育政策是强化中等教育的"三分制"，作为中等教育发展的方向和中等教育普及的首项政策。

战后中等教育的另一项改革，就是建立普通教育证书考试制度。战前，英国中等教育考试有两种：一种考试是为 16 岁文法学校学生设立的学校证书考试，主要用于评估学校质量。这就意味着它控制了中学的课程，鼓励学校提供一种好的平衡的教育。候选人将通过 5 门科目考试包括三个学科群中的各一门课程：人文学科，语言，数学与科学以及艺术、音乐与实践学科组成第四种学科群。由于学校证书评估的是学校，由于整个班级进入考试，那些觉得考试太难的学生也只好加入考试。另一种考试是高级学校证书——在 5 年制文法学校学习基础上继续学习 2 年后所进行的考试。考试的成绩主要用于升学，且难度很大，通过率很低。

为了解决考试过难的问题及建立可以推广的统一的考试制度，1947 年 SSEC 报告概括了一种新型的单一学科的考试制度的建议，这就是替代只限于中学在校生应试的学校证书考试而面向全体的普通教育证书考试。考试分为三种水平：其一为普通水平，供 16 岁以上者参加。其二为高级水平，供 18 岁及以上者参加。其三为学业成绩水平，供那些争取国家奖学金者参加。

考生只有通过普通水平后才可以参加高级水平的考试；普通教育考试为单科考试，合格者发给单科证书，起初采用及格与不及格制，由于过关人数不多，故后改为等级制。

单科 A 水平考试是尝试为那些追求更深程度的考生而设立的，它并不打算吸引大量的学生，也不是全面目的的考查。但是，高级水平也不是专门为那些想进入大学的考生设立的大学入学考试，它也为就业与考生的其他目的服务。英国首次普通水平与高级水平考试出现在 1951 年。与学校证书考试不同，普通教育证书考试并不打算评价学校教育质量，也不在于确保学生学科的平衡性，它只是在于对考生本人进行校外评价。虽然大学考试委员会不打算改变中学课程，但是，其结果则形成了大量的新学科。

大量的不具有选拔性的现代学校的学生也参加普通水平考试。1955年，50%的现代学校为学生准备了校外皇家艺术协会、城市与基尔特、师奖学院以及普通水平的考试。由于普通教育证书考试主要偏重学术性，且按中学5年级（义务教育结束）中最好的20%学生水平命题，要求很高，而使大量学生及格无望。鉴于此，1960年，贝洛伊委员会建议在中学16岁年龄阶段采用新的考试形式。除了最好的20%学生将通过新的考试中的4门或多门学科外，最好下面的20%学生将通过个别科目考试。考试将满足更为广泛的能力范围的学生的需要与兴趣。报告认为，考试应由地方团体管理，国家建立中央咨询机构进行协调，促进调研。新的考试结果可以适于雇佣市场，这一建议于1963年得到实施。这就是中等教育证书。

　　中等教育证书考试也是单科性考试，对象主要是中学5年级中打算就业的学生。考试难度以低于普通教育证书水平的40%学生为标准，考试科目除了学术性学科外，注重技术与职业性课程。中等教育证书考试的成绩采用1~6等级记分制，1等为最好，5等以上均合格。中等教育证书有三类考试：一类是依据地区委员会颁布的大纲的校外考试；一类是依据学校自己的大纲的校外考试；一类是依据学校大纲的校内考试。地区委员会主要由服务的教师控制。中等教育证书考试没有官方的及格与不及格分布率。五级中任何一级均可获得证书，五级之外的成绩没有分类。根据SSEC的推荐，为了获得可信性，中等教育证书的1级相当于普通水平中的及格（相当于学校证书中的过关）。这是等级制中唯一存在的重叠。1965年举行了首次中等教育证书考试。中等教育证书的考试与颁证由英国教育与科学部批准的地区考试委员会负责。中等教育证书考试的另一特点是在有些学科的考试成绩中，校内平时成绩占一定的比重。为了调节和控制各地区的考试水平，英国教育与科学部于1964年设立了课程与考试学校委员会，负责制订成绩评价的基准，调节各地的考试内容与水平，根据抽样调查的结果，协调各地考试评分标准，力图使各地成绩相对可比。中等教育证书与普通教育水平一样，继续使评价从针对学校转向针对个体学生。普通教育水平与中等教育证书考试的并存，扩大了应试学生的水平范围，但也带来了如何让学生参加与其水平相当的考试这一实际矛盾，加重了学校与学生的教学、复习迎考的负担。因此，人们希望能有一种全国性的、全纳性的考试，可以人人参加。

(二)60—70年代的中等教育综合改组运动：以教育平等为主题

60年代初，英国中等教育日益普及及科学技术革命的来临，英国中等教育的"三分制"暴露许多问题，包括教育不平等、人才的错误选拔以及中学毕业生无法适应社会生活和工作等等。首先，文法学校的免费学额的竞争越来越激烈，大多数家长希望自己的孩子进入文法学校；其二，三类中学的课程差异使得三类中学之间的转学成为"一纸空文"；其三，英国经济发展需要越来越多的熟练个人和技术人员，而现代中学和技术中学培养的毕业生在质量和数量上都无法满足社会经济发展的需要；其四，英国已经进入中等教育的教育高峰期，现有的中等教育结构无法满足民众对中等教育的需要。在严格的"11岁考试"面前，"人人有权受中等教育"成为无法兑现的政治口号；其五，原有的分流考试不能科学地对学生进行选拔。

这些事实使得人们对"三分制"中等教育结构的合理性以及11岁分化选拔的必要性与准确性产生了怀疑，并促使学者们展开相关的教育科学研究。研究结果表明，选拔制中等教育加剧了社会阶级差别并巩固了原有社会阶级的地位，三类学校制造成了不公平和人才浪费的事实以及11岁选拔考试的不科学性等。这均有助于英国中等教育向着综合化方向的改革和发展。

1951年，英国工党提出了一份名为《中等教育的政策》的文件，主张中等教育的综合化。1955年，工党在其竞选宣言中重申了中等教育综合化的主张。这样，英国一些地区开始中等教育综合化的改组实验，只是保守党政府教育政策偏向于原来的中等教育制度，综合中学的发展很缓慢。1965年英国教育国务大臣向地方教育当局发布了《中等教育组织》的第十号通告，要求他们在1年内提出中等教育综合化的计划。方案提出了中等教育综合化的6种组织形式：①一贯制综合中学，在校生年龄为11~18岁。②两段制，分为初级中学和高级中学，初中毕业后自然升入高中。③两段制，分为初中和高中，初中毕业后部分升入高中学习，部分仍然留在初中学习。④两段制，分为初中和高中。高中分为两类：一类为学习年龄达到或接近义务教育年限，另一类为超出义务教育年限，所有学生初中毕业后在这两类高中之间进行选择。⑤三段制，所有学生小学毕业后进入中间学校，中间学校毕业后（12～13 岁）进入综合中学学习。⑥单一制，学生年龄为 11～16 岁，另设立由 16 岁以上学生自行选择的第六学级学院。

在上述形式中，发展最快的是，一贯制综合中学。其次是单一制综合中学。从 1965 年到 1981 年，英国文法中学和现代中学减少了 83％和 89％，到 1979 年保守党上台前夕，英国综合中学的学生占全部中学生的 88％。尽管英国中等教育改革因为不同政党执政而进展速度不同，但是，历史表明，中等教育综合化即中等教育大众化和普及化，已经成为英国中等教育发展的实际状况。

1970 年，英国出现了第一所第三级学院，随后，便在各地迅速发展起来了。所谓第三级学院，就是指为中等教育中义务教育阶段之后的教育阶段（16～19 岁青年教育）设立的独立的教育机构。它不同于高中，既注重学术性课程，又注重职业性课程。其目的是使学生在义务教育之后继续进行学习，在掌握一定的知识技能基础上进行就业和升学的选择。

在英国中等教育结构中，有一特殊的结构，即第六学级——指英国 11～16 岁义务教育结束后打算升学的，继续学习 2 年，参加高级水平普通教育证书（GCEA）考试。其余学生 16 岁之后直接就业或者进入继续教育学院学习或接受培训后就业。所谓第六学级，实际是中学 6 年中的第六年，也是英国中等教育的最高年级。但是，与其他各国第六学级不同的是，英国的第六学级带有大学预科的性质，它与中等教育其他年级相比，知识难度大得多。19 世纪，英国第六学级的学制为 1 年，学习拉丁语、希腊语、法语和数学。学生毕业后绝大多数升入英国的名牌大学深造。20 世纪 30 年代开始，第六学级增加了经济学、社会学、政治学、技术、制图等课程，学制也由 1 年变为 2 年。60 年代，第六学级发生了大的变化，由于英国中等教育的普及，进入第六学级的学生迅速增加，从 1912 年的不到 1 万人增加到 1966 年的 17 万人。

这样，第六学级从纯粹的精英教育转变为多元化目标的"新第六学级"。尽管第六学级不属于义务教育之列，但是它是免收学费的，学生可以在完成 16 岁义务教育之后根据自己及家长的意愿决定是否升入第六学级学习。

英国大多数中学设有第六学级。第六学级有两种体制，一种为设在文法中学和综合中学内的；另一种为独立设置的第六学级学院，数量不多，但是学校的硬件和软件设施较好。据统计，英国完成 16 岁义务教育的学生，有 40％直接升入本校的第六学级，只有 15％的学生升入独立设置的第六学级。也就是说，英国约有 55％的学生升入第六学级学习。

(三)1988 年教育改革法：兼顾质量与平等

《1988 年教育改革法》的出台，力图转变英国中等教育综合化之后教育质量下降及所带来的其他社会问题。随着综合教育运动的展开，有关综合学校教育是否真正能够促进教育机会均等、有利于社会统一和社会公正的研究也开始进行。多项的研究都表明："综合中学在促进机会平等和社会混合方面做得并不比选拔制中学好……不同社会阶级的儿童之间的相互交往甚至少于文法中学，因为同样再三强调严格的社会划分，学生学习成绩上的阶级差别依然存在。""在实行能力分组的综合中学里，出身于较高社会阶层的儿童被分入学术能力组的可能性较大，同时低能力组的学生的早期离校率却低于选拔制中学。"①此外，保守党及部分中产阶级家长、部分文法学校校长和教师始终在对取消文法学校的政策作有组织的、强有力的抗议。70 年代，世界性经济危机使得英国经济也出现衰退，能入学之人口数量下降，政府减少了对校舍的投资，社会上关于普及综合教育制度的争论日渐增多。与此同时，在改组后建立起来的综合教育制度内部，也存在许多没有解决的问题。例如，一贯制中学由于规模太大难于管理，学生的纪律和旷课问题突出。还有一个根本性的问题是，中等教育的综合化并没有废除选拔。原来的"三分制"从校外进入校内，综合中学内部把学生按照能

---

① 王承绪，徐辉主编. 战后英国教育研究[M]. 南昌：江西教育出版社，1992：138—139.

力分为三组：上、中、下。"教师指导常常是针对中等能力水平的学生，最好的学生受到限制，最差的学生得不到帮助。"综合改组并没有消除各种聚居区学校之间存在的差异，这从另一方面表明综合教育制度内部仍然有差别因而仍是不平等的；加之综合改组运动仅集中在学校组织结构方面，并未对教学内容与课程设置方面作相应的改革，从而增加了学校教学与学生适应方面的困难，并且造成了教学内容、培养出来的学生与现代社会的需要不相适应的问题，严重阻碍了英国的经济发展。由于中等教育与政治、平等、公民权、竞争以及经济等多种观念相关而引起的观念上的复杂化以及研究者所使用的评价标准上的差异，关于综合改组的实际效果的反思和评价也存在分歧。最后的评价是："综合改组是失败的，而且由于综合教育理论本身的矛盾和综合教育的支持者内部存在的分歧，综合学校教育将是一个'不可能实现的梦想'。"[①]

课程改革——实施全国统一课程。

在这种情况下，1976年，英国首相卡拉汉在牛津的拉斯金学院发表演说，号召家长、雇主、工会、地方教育当局和教师就教育与工业、农业的关系、课程与教学方法、评价与标准以及教师培训等问题展开全国性的教育大辩论，并提出了改革中学课程的需要。次年7月，教育大臣雪莉·威廉姆斯负责总结的大辩论咨询文件《学校中的教育》，阐明了有关5～16岁学生的教育标准、核心课程以及学校为学生进入成人世界作准备等方面的问题。随后数年里，英国社会各界对教育问题的讨论更加热烈，教育和科学部又发表了《学校课程结构》(1979)、《学校课程》(1981)、《把学校办得更好》(1985)等文件，阐明了共同课程的框架。英国皇家督学也发表了《11～16岁课程》和《关于课程的看法》等文件阐明了建立基本领域的共同课程的必要性及具体建议。1984年的政府文件《15～16岁学生课程的组织和内容》和1985年的政府白皮书《更好的学校》等，均对实施全国统一课程进行了阐述。这一切表明，英国实施全国统一课程的意图已经十分明确。

1987年，教育和科学部发表《5～16岁的全国统一课程：咨询文件》，在全国引起了广泛的讨论。尽管人们的意见不尽相同，但是在是

---

① 王承绪，徐辉主编. 战后英国教育研究[M]. 南昌：江西教育出版社，1992：150—151.

否实施统一课程这一点上，家长和教师以及企业界均对改革表示支持。1987 年 11 月，英国教育和科学国务大臣贝克向英国下院提出《教育改革议案》，经过半年多的讨论，1988 年 7 月 29 日通过了议案，正式成为《1988 年教育改革法》。

《1988 年教育改革法》明确指出，全国统一课程（5～16 岁）应注重平衡性和宽广性，达到：①促进学生在精神、道德、文化、智力和体力方面的发展；②为学生将来成年生活中的机会、责任和经验提供准备。《1988 年教育改革法》规定了具体的统一课程，核心学科包括数学、英语和科学，共 3 门；基础学科包括历史、地理、技术、音乐、美术、体育及外语，共 7 门。此外，宗教教育为必修课。

在全国统一课程的每一学科中，都包括若干成绩目标。所谓成绩目标，是指在每一基本学段结束时不同能力和成熟水平的学生所应具备的知识、技能和理解力。每一成绩目标分为 10 种水平，成绩目标的水平与年级相对应。从 5～16 岁，分为四个学段，中等教育分为两个学段，7、8、9 年级为一学段，10、11 年级为一学段。第六学级在义务教育之外，没有共同课程制规定。按规定，绝大多数学生在 7 岁时应该达到水平 2，11 岁达到水平 4，14 岁达到水平 5～6，16 岁达到水平 6～7。

根据《1988 年教育改革法》，中等义务教育的开始、中间和结束要进行 11 岁、14 岁和 16 岁的学习成绩评定。除 16 岁采用全国统一的"中等教育普通证书"考试外，11 岁和 14 岁将设立新的标准化考试。为了实施《1988 年教育改革法》，特别设立了两个全国性的机构，即"国家课程委员会"和"学习考试和评价委员会"，分别对课程和评价进行管理。

中等教育综合化改革的同时，英国中等教育考试制度也进行了改革，即通过建立中等教育普通证书考试制度（GCSE）来消除原来的普通教育证书（GCE）考试与中等教育证书（CSE）考试的过难的倾向。在原来的两种考试制度中，1951 年建立起来的取代"学校证书考试"的 GCE 考试，是为 20%的尖子学生设计的考试；为了使更多的学习成绩一般的学生能够获得参加国家考试的机会，英国政府决定在保留 GCE 考试制度的同时，增加一种 CSE 考试制度，则为其后的 40%的学生设计。但是，在英国，90％的儿童参加上述考试。就某些学科而言，由于难度大，极少非 GCE 儿童参加科学与外语考试；在许多学校，只有 CSE 尖子班才参加物理与法语考试。由于学术性太强，导致对学生学业能力理解的偏差，致使许多儿童在早年就被围困在应试学科之中。

教师则不得不应付两种不同的大纲与评价标准。他们不得不决定哪个学生该参加 GCE 考试，通常在考试前两年就得准备。许多雇主不重视 CSE 成绩与文凭，而大多数学生不可能参加 GCE 考试。为此，许多教育专家开始反思 GCE 与 CSE 考试的得失与缺点。为了更好地体现教育机会均等的观念，为了使每个学生得到相一致的教育与评估，就必须改革考试，实行新的形式。经过多年的筹备与论证，1984 年，英国政府决定在 1988 年正式实施中等教育普通证书 GCSE 考试，取代并存的 GCE 与 CSE 考试。

GCSE 考试的特点是具有全国统一的标准，面向全体考生。试卷实施分卷制（或分等试题制），有必做卷和难易不同的选做卷（题），考生可自由选择适合自己水平的试卷（题）。大多数考试科目成绩包括学校评定部分（约占 20％～25％）。GCSE 考试的成绩分为 A～G 7 等，与 CSE、GCE 的对比情况见表 10—1：

表 5—1　CSE、GCE 与 GCSE 等级对比

CSE	GCE	GCSE
	A	A
	B	B
1	C	C
2	D	D
3		E
4	E	F
5		G

GCSE 的前三个等级 A、B、C 与 GCE 前三个等级相等。后四个等级 D、E、F、G 与 CSE 的 2～5 级等级。原有 GCE 中的 D 级相当于新 D 级的一部分，其余部分由 GCE 中的 E 的大部分补充。G 以下的不分等，也不发给证书。等级与人数并不是平均分配，因为能力不是平均分布的。多数人处于中游水平，极少学生处于两极位置。例如，约 2.5％的学生（同一年龄组）可获 A 级证书，只要获得 F 等级的学生就被认为是合格的学生。

但是，就每一学科具体情况而言，并没有一个规定的百分比，可

能 60％的考生达到 E 级，也可能只有 50％。实际数字由考试结束后学科专家委员会制订，其依据有：学科的特点、问题的难易程度、评分计划的要求。例如，同样的 A 级，艺术与英语的学科性质导致了其不可比性。还必须考虑难易程度，例如，数学中的"1/2＋1/4"就比"1/4＋178"更容易。

那么，是否所有的学科都使用 GCSE 等级记分制呢？有两个例外：一为英语口语，它采用独立的评分系统；一为有限的等级计划。在英语口语考试中，分为 1～5 个等级，1 为最高等级，5 为最低等级，其等级无法与 A～G 级类比。有限的等级计划是指并非所有等级都可记分的计划。例如，正规学校课程外的学科——合计（第六学级、学院中学生选修）评级局限在 A～E 级的五级中；某些为差生设计的学科局限在 C、D 至 G 等级中。例如，数学大纲中包括算术、代数、现代数学、几何、三角等，但却对不同学习程度的学生设计难易适当的等级与试卷。数学分为三级水平：Level 1，Level 2 与 Level 3，依次提高。每一水平规定了可能达到的等级水平：Level 1 相当 E 至 G 级；Level 2 相当 C 至 F 级；Level 3 相当 A 至 D 级。

综上所述，GCSE 比原来的 GCE 与 CSE 考试更具有下述优点：

其一，在不降低考试要求与标准的情况下，让所有学校的学生能够参加考试，避免学生对两元考试制度中的选择。同时，统一考试有利于国家对考试的管理和组织，并且能够与国家课程评价统一起来，消除了原有大纲各不相同的混杂局面。

其二，证书获得的成绩是期末考试与平时作业的综合。学生不仅获得了知识，而且参与了与其能力相一致的任务，并且在这一过程中渴望获得成功。在传统中等教育考试中，由于考题难度大，且与所学知识关系不大，大多数学生过关无望。但是 GCSE 考试的内容属于学生学习过的知识，这样就使高中学习与考试统一起来，教学变得更具有吸引力，因为它将使每个人通向成功之路。

其三，与传统考试不同的是，GCSE 每一学科考试均重视学生的技能考核，这就打破了一味追求学术能力的英国教育的传统，使广泛的课程均可列入考试范围。

尽管 GCSE 统一了英国中等教育考试，但是，并不意味着完全取消 GCE 考试。因为如果要升入大学，学生仍然要参加 GCE 中的 A 级水平考试。英国人十分重视 GCE 的 A 级水平考试，A 级考试在英国享有"黄金标准"的美称，进入高校必须通过几门 A 级考试。1951 年以来，A 级考试变化不大。1989 年，增加了一种 A 级补充水平考试（AS），它保持了 A 级的高标准，但把课程内容缩减了一半，有利于拓宽 A 级考试课程的广度。高校欢迎这一新考试，并同意在高校录取时接受 AS 考试成绩，2 门 AS 考试成绩可计为 1 门 A 级考试成绩。

就目前英国的中等教育考试而言，GCSE 与 GCE 中的 A 级与 AS 两种考试，就其目的、要求与效能来说，各不相同。就 GCSE 考试的目的来说，可以概括为下面几个方面：

第一，人人有机会参加考试，并且 80%～90% 的人可以获得证书。原有 GCE 中 O 级考试只有 20% 过关，CSE 也只有 40% 过关。两者加起来只有 60% 可以获得证书，还有 40% 的考生被淘汰。GCSE 考试就是让证书成为全体考生的，它由原来的常模参照基础评价转向标准参照基础的评价，取消考试的竞争性，只要达到要求就可以获得证书。

第二，让考试对中学教学产生积极的影响。把平时成绩作为获得证书成绩的一部分，形成全国统一的教学大纲与考试大纲，考试是全面检查学生的德、智、体各方面的发展，因此，试卷讲究全面综合性，更注重考学生掌握的知识技能，而不是考学生不懂的、无法回答的问题。这就打破了传统出偏题、难题、怪题的局面，使学与考试有机地统一起来，教师也就不用在教学以外花费更多的时间为学生应付考试。

GCSE 对考生要求较为简单，中学 16 岁的学生就可以参加 GCSE 中任何一科的考试。就考试科目而言，中学考试委员会制定了国家标准，即一套由 SEC 对考试机构提出的规则与指南，分为一般标准与具体学科标准。一般标准应用于所有学科，每一学科都有必须遵守的规则与指导。例如，"所有考试都必须设计成具有恰当的差异以使考生可以证明自己有知识、能力与成绩的机会，这是表明他们知道什么、理解什么与能做什么的时候"。

具体学科标准针对下列学科，每一学科均有自己特定的大纲与规定。例如，数学分为三级水平；地理要求野外作业；英语有面试要求……在所有科学科目中，科学标准应用于每一学科，但每一学科同样有特定规定。例如，物理就有科学与物理两重标准；地理学，服从单一的科学标准。这些学科包括：艺术与设计、生物学、商业、化学、古典学科、计算机研究、工艺设计与技术、经济学、英语、法语、地理学、历史、家庭经济、数学、音乐、物理学、宗教研究、科学、社会科学等。

学校考试具有许多内在的效能，最为重要的包括三方面：成为儿童学习的激励因素；作为教师教学的指导；作为教育机构与雇主评价量的构成之一。

GCE 中 A 级与 AS 考试的目的是：为 18 岁考生提供更高层次的单一学科考试，它是非完全目的的考试，并不在于考生的数量多少而在于考试内容的质量与深度。但是，A 级考试虽然是升入大学的重要成绩参考，却不是纯粹的大学入学考试。

A 级与 AS 考试要求见于其大纲中：为了确保完全地保持现行 A 级考试的水准，A 级与 AS 考试大纲应该一致。

确保学生对一学科的学习具有充分的广度、深度与平衡性，使学习与评价要求详细具体以维持 A 级学习的严格要求。AS 与 A 级学习要求相同，AS 时间为 A 级的一半。确保课程的横块制，提供在相同级别的继续学习的充分的基础。

作为社会整体的一部分，考试的效能很多。它们为学生提供表明其与水平一致的成功的成绩水平。它使学生获得反馈并且成为继续学习的动力。研究表明，大多数学生期望学校为他们准备考试。此外，考试也可以视为社会控制的一种资源。GCE 的 A 级与 AS 考试则更是一种精神事业。它既可以成为学生走上工作岗位，进入高等学府的必由之路，又是个人演习能力的较高层次的反映，在一定意义上，它是学生自我实现的标志之一。

GCSE 考试分为三大类型：①团体大纲/团体考试——大多数由所有团体使用的大纲都免费提供给所有的学校与学院。大纲由考试机构团体制订，试卷也由机构来制订，由团体请人评阅试卷，综合教师评阅的作业分数，共同构成 GCSE 证书的依据，绝大多数 GCSE 考试均属于这种类型。这是典型的校外考试。这种类型称为类型 1。②学校大纲/团体考试——有时一所学校或学院想提出一种不同于团体大纲的学校自己的大纲，但却参加团体考试。这种类型称为类型 2。一般而言，这种大纲也是由多所学校构成的学校团体或共同制订的，一旦其规模宏大时，类型 2 也就演变成了类型 1 了。这就表明，大纲的正式控制往往是从地区学校上升为团体。③学校大纲/学校考试——大纲与试卷均由学校负责的情况，为类型 3，它必须具有下述特定条件：学校具有特殊需要，例如，乡村学校希望制订一个"农业科学"大纲。学校所期望教的内容与团体大纲规定的内容不尽相同，例如，历史课，讲授乡土知识与本土历史、乡俗等；学校期望以不同的方式教学；学校希望以不同的方式进行考试，例如，历史与地理的合科考试、通过课业方式等。

以考试学科看，有一些学科是全国一致的，而有一些学科则是各个地方考试团体的独自规定。全国统一的考试学科有：会计、艺术与设计、生物学、生理学、商务研究。CDT：设计与实现、化学、计算机学习、经济学、英语、英语文献、法语、地理学、地质学、德语、希腊语、历史、家庭经济、儿童发展、食品、拉丁语、数学、音乐、物理学、体育、宗教研究、科学、社会科学研究、西班牙语。

A 级与 AS 考试的科目也是各个考试委员会规定，以伦敦大学学校考试委员会 1990 年公布的 GCE 考试规定与大纲为例，该大纲适用于 1992 年 5 月至 1993 年 1 月。其 A 级考试科目共有 61 门：会计、古代史、美术与设计（2 门）、美术与设计史、不列颠社会与经济史、商业、化学、古典文明、设计与技术、经济、英语文学、地理、政府与政治学、图形技术、希腊语、历史（4 门）、人类生物学、拉丁语、法律、数学、高级数学、纯数学、纯数学与统计（2 门）、应用数学、物理、宗教、社会学、法语、德语、意大利语、俄语、西班牙语、现代欧洲语言（11 门）以及东方和非洲语言（13 门，含汉语）。

AS 考试科目有 20 门：美术与设计、生物、化学、设计与技术、经济、电子学、普通学科（常识）、地理、政府与政治学、历史、人类生物学、法律、纯数学、纯数学与原理、应用数学（2 门）、应用统计学、物理、宗教以及社会学。

A 级与 AS 考试在试卷结构、考试时间与赋分上具有下列特点：

特点之一，试卷结构具有广度、深度与平衡性。每一学科往往由 3 卷以上的卷数组成，每一卷又分为多个部分，且均设有特别卷。从考试的面讲，法语覆盖听、说、读、写；物理覆盖理论与实验操作，考核较为全面。

特点之二，考试时间长，英语文学为 9 小时；纯数学为 7 小时 15 分；法语为 8 小时以上；物理为 8 小时以上。

特点三，在赋分上较为合理，但也有侧重。例如，英语文学三卷在时间与分数上均各占 1/3；纯数学中 60% 的分数为大纲的核心部分；法语听、说、读、写分数分配较为平均；物理四卷分数也较为平均。

英国 GCSE 考试与 A 级、AS 考试命题均由各自考试委员会负责命题，一般各委员会针对每一学科成立一学科命题小组（均由通晓这一学科的专家组成）。小组命题根据考试大纲与教育目标，围绕知识与能力两个难度进行考核。试题往往需要通过预测与统计分析，取得难度、区分度、效度等指标（合格）方存库备用，试题往往有等值副本。

英国高考试卷命题往往分为课业与笔试两部分。课业是指通常由教师评价的作业的总称。换言之，这就意味着任何作业均由教师评阅分数。课业最通常的形式是一系列论文，它必须一次完成，虽然必须作准备工作。其他课业形式如下：

专门研究是在较长时间完成的作业。它们促使学生发现材料，进行选择，用自己的语言表达事实与思想。它可以采用图表、数据表、视听盘带以及三维模型。所有这些取决于任务设置、考生的想象力以及可利用的技能、设备与时间。在作业中，使用材料必须注明出处，否则被视为抄袭则以不及格处理。

口语作业通常是在英语与外语中采用的形式，在其他学科中使用不多。口语作业可以由考生自己说或与他人、小组的讨论、对话。

听力作业指学生听被给的资料（在教学中、直接口语表达、以磁带形式提供等多种形式），然后根据教学要求写下答案。原来的 CSE 与

GCE 考试中，听力作业仅用于外语中，但现在在 GCSE 中，还出现在数学中。

设计在许多 GCSE 学科中都是极为重要的命题形式之一。设计有许多要求（思想体现、设计形式与功能结构），设计的精确与否视大纲要求而定。

实践作业在许多学科中（例如，戏剧艺术、烹调、CDT 系列等）中均要求，以及科学实验中也要求，它所考查的是学生的动手操作能力。

野外作业一般用于地理学与地质学，也用于生物学与其他科学科目。在课堂中，教师培训学生野外作业的要求、规范、行为目标，野外实际作业后经课堂讨论写出"野外作业说明"。这类工作可以以小组方式进行，但作业呈交则以个人方式。

除了上述各种形式的课业外，就是考场的笔试，它主要考核学生的知识、理论以及知识分析、综合、归纳等方面的能力。

英国 GCSE 与 A 级、AS 考试试卷的题型大致包括以下几种：单项选择题、多项选择题、解答题、问答题、论文题、翻译题、分析题、实验题与设计题等。其目的要求如下：单项选择题以基本的听力、阅读理解以及基础知识的考核为主；多项选择题则要求更广泛的知识，题型更为灵活，知识要求更为综合；解答题在数学等自然科学的科目中使用较多；问答题以综合知识的掌握为要求；论文题以考核写作能力为主；翻译题则考核语言的运用能力；分析题考核考生对各种问题与现象的分析能力；实验题与设计题考核动手操作的能力。

英国高考赋分及计分以等级制的 A、B、C、D、E、F、G 7 级为准；就区分度讲，同一年龄阶段的考生在 7 级中的分配有理论上的区分性。但是，由于英国 GCSE 考试评分与计分以标准参照考试来得出分数，即个人分数与教育目标比较，只要达到教育目标的最低要求也就获得相应的等级。

从原始分数上讲，笔试以 100% 计分制，分数与题型比例结构大致如下：多项选择题 20%～25%；解答题 30%～40%；论文题 20%；阅读理解与翻译题 20%；实验操作与数据分析 20%。各门学科因题型的不同分数分配各异，但总的结构趋于平衡。但是，原始分数中包括课业中的分数比例，这种比例也因各个地方考试委员会的规定而各不相同，总的标准为20%～40%，但是，有的学科课业分数占100%。因为这些学科(例如英语文献)题型以书面作业为主，这些工作可以在学校也可以在家中或其他地方完成。

第三节　德国中等教育改革

(一)1945—1958年的改革：以教育的恢复与普及为主题

战后，德国很快恢复了经济发展，其教育事业也很快恢复发展起来了。从1950年到1960年，德国13岁儿童就学率达到98%以上，16岁青年就学率达到93.1%，18岁青年入学率为31.6%。德国中等教育已经达到较高的普及化水平。总的来说，德国的教育制度主要是继承魏玛共和国时期的学校体制。但是，50年代也进行了局部的改革，中等教育方面改革的地方如下：①取消小学升入初中的入学考试，改为试读制，即各类中学首先根据家长的愿望以及基础学校的意见将基础学校毕业生招收进去，然后让他们试读一至三周，最后根据他们的学习情况决定让他们留在原校就读下去，还是让他们转入其他类型的中学去。中学的第一、二年成为观察学生是否能在中学继续学习下去的"观察阶段"。②实科学校转入文科中学高年级较为容易。③部分中学开始免收学费，不少州明确作出了中学免费入学的规定。

由于德国各州之间的文化教育的联邦主义，而经济的发展和劳动力市场的变化使得德国存在大量的家庭的迁移，这就存在着子女转学方面的困难。为了解决各州学校教育统一的问题，并把它作为一项迫切的任务完成，1955年2月17日在北莱茵—威斯特法伦州首府杜塞多夫正式由各州州长签署并发表了《联邦德国给予教育领域统一的协定》，简称《杜塞多夫协定》。给予中等教育方面的统一，《杜塞多夫协定》作了如下规定：①每学年从每年的4月1日开始至次年的3月31日；

②每一学年的假期为 85 天；③中小学考试为 6 分制，1、2、3、4、5、6 依次为优、良、中、可、差、劣；④6 年制中学统一称为中间学校而不是实科学校；9 年制中学称为"完全中学"，凡完全中学毕业生均可以直接升入大学；⑤各州相互承认各州所签发的毕业证书与某些重要学科的考试成绩，相互承认有关教师的服务考试。

(二)1959—1969 年的改革：以提高教育质量为主题

1957 年苏联人造卫星上天，冲击了美国，也冲击了欧洲各国。美国颁布了《1958 年国防教育法》，进入了增强国际竞争力的教育改革。德国人也开始意识到，教育跟不上工农业生产高速发展的需要，德国在科学技术方面并没有什么优势可言，德国必须进行教育改革，通过教育改革培养优秀人才来增强国际竞争力。鉴于此，德国教育委员会于 1959 年提出了《关于普通教育的改革和统一的总纲计划》，简称《总纲计划》。

《总纲计划》主要对普通教育学校结构的改革，尽可能为社会发展开发人力资源，尽可能拓宽培养高度熟练的科学技术人才的途径，"旨在达到社会公平的使命和现代社会对具有高度教养的接班人的需要的增加，使我们需要为每个儿童开辟适合其受教育能力的道路。学校结构必须能够激发所有儿童的才能并让这种才能受到不同性质和程度的高要求的教育任务的考验"[①]。

《总纲计划》关于中等教育结构的改革的具体建议如下：①取代原国民学校高级班，建立达第九学级的"主要学校"，成为 5 年制中学；②把"中间学校"改为"实科学校"，成为 6 年制中学；③维持原来的完全中学，另外设立一种与完全中学学制相同的"学术中学"，为具有学术才能的学生服务。

《总纲计划》仍然维持三类学校结构，强调社会需要三种不同等级的人才和实际已存在着适应这种需要的具有三种能力特征的儿童。在三种学校类型中，完全中学培养理论型人才，学术中学培养实践型人

---

① 李其龙，孙祖复著. 战后德国教育研究[M]. 南昌江西教育出版社，1995：22.

才，实科学校培养"桥梁型人才"。改革还强化了定向阶段的重要性，即在进入中学阶段的第一、第二年，为下一步分流的定向阶段。

1964年10月28日，联邦德国各州签订了《联邦德国各州就教育领域中的统一问题的协定》，简称《汉堡协定》，替代原来的《杜塞多夫协定》。《汉堡协定》采纳了《总纲计划》的建议，提出鼓励各州教育改革的建议，推动了德国教育的改革和发展。

(三)1970—1989年的改革：兼顾质量与均等为主题

1964年，皮希特发表了《德国的教育灾难》的文章，指出："支撑每一个现代国家的基础之一便是它的教育事业。这方面，没有人比我们德国人知道得更为清楚了。19世纪，德国在强大的文化国家中得以崛起，就靠了大学和中小学的扩建。直到第一次世界大战为止，德国的政治地位，它的经济繁荣以及工业发展，都建立在它当时现代化的学校体系和它具有世界声誉的科学成就的基础上。就是今天，我们吃的还是这份老本，造就了所谓经济奇迹的经济和政治领导阶层。承担当前经济和社会责任的各种力量也得把他们的思想方法归功于魏玛时期所创建的中小学和大学。可是，现在这一笔老本消耗殆尽了：请看，联邦德国从学校比较数字看，在欧洲众多国家中，除了南斯拉夫、爱尔兰和葡萄牙以外，它就名属末位了。"[①]此后，德国各界纷纷展开关于教育改革与发展的讨论，这就为70年代德国的教育全面改革作好了准备工作。

1969年10月，联邦德国社会民主党和自由民主党联合成立的政权，把教育改革作为施政方针的重点之一。德国总理在10月28日的施政方针中公开表明："教育及对人的培养、学术和研究，必须置于我们所进行的各项改革的最前列。"联邦政府的教育科学部于1970年6月发表了《教育报告1970年——联邦政府的教育政策报告》(下称《教育报告》)。《教育报告》提出了德国教育改革的全面政策，其中，中等教育改革成为《教育报告》的重要内容。

---

① 李其龙、孙祖复著. 战后德国教育研究[M]. 南昌江西教育出版社，1995：27.

《教育报告》对现存的中等教育"三轨制"以及从第四学年就开始对学生进行选拔分流的教育进行了批评。中等教育改革的目标，是建立一种能认识每一个学生的能力和才能的教育制度。但是这种认识不是进行优劣的评价，而是促使这些能力得到进一步的发展。传统的德意志教育，在教育内容上偏重于语言教学和历史教学，这种倾向是不适合依靠科学技术的进步而发展的工业化社会的要求的。《教育报告》主张，只有设立统合化全天开放的综合制学校，才能克服"三轨制"学校教育的缺点。

《教育报告》主张，中等教育第一阶段（从第五学年开始到第十学年）应面向全体学生开辟共同的学习领域，对学生进行科学的基础教育。在第五、第六学年，应按照德意志教育委员会的建议，设置一个"定向阶段"。从第六学年开始，应给学生提供多样化的可供选择的课程，以适应每一个学生能力发展的要求及其兴趣和倾向性。第十学年结束时，应把中等教育毕业生证书Ⅰ授予尽可能多的学生。

《教育报告》还主张，中等教育第二阶段（一般是学习到第十二学年），应授予中等教育毕业生证书Ⅱ。这一教育过程应包括与职业教育有关的课程和与普通教育有关的课程两条路线。在开发新课程方面，应加强自然科学和技术的内容，还应引进社会科学及人文科学的新教育内容。教育内容既要保持基础教育的核心部分，又要适应每一个人的学习倾向和能力，安排多样化的课程。在这一阶段，改革后的职业教育应以职业教育的理论基础体系为媒介，对职业分类，应从广泛的角度进行理解。总之，在中等教育第二阶段，应尽可能地兼顾与职业教育有关的教学和与大学准备教育有关的教学，以达到这种统合化的目的。为此，必须对课程进行改革。《教育报告》与以往的任何报告不同之处在于：明确提出了改革德国现存的"三轨制"中等教育，确立普通教育和职业教育的同等价值的观念，使二者相互渗透。

随后，1971年联邦教育审议会提出了《教育结构计划》。这是体现德国70年代教育改革总体思想的文件。《教育结构计划》把德国的教育系统分为初等教育领域、中等教育领域和高等教育领域。中等教育领域又划分为中等教育第一阶段和中等教育第二阶段。中等教育第一阶段包括第五至第十学级，学生修毕第十学级，可取得中等教育第一阶段资格证书，即毕业证书。中等教育第二阶段包括第十一至第十三学级，学生修毕第十三学级，可取得中等教育第二阶段毕业证书。计划把中等教育第一阶段分为第五和第六学级、第七和第八学级以及第九和第十学级三组。《教育结构计划》强调在中等教育第一阶段为所有的学生提供共同的教育，为学生进入中等教育第二阶段接受普通教育的职业教育或者职业生活指明方向。此外，《教育结构计划》还强调建立三类学校的联合制度。

就中等教育第二阶段而言，《教育结构计划》主张建立一种分轨的但各轨之间相互具有较大渗透性的，也就是容易转学的结构。这一阶段中分别设立职业学校、职业补习学校、职业专科学校、专科学校、高级专科学校、专科高中和完全中学高级阶段。这些教育机构将加强横向和纵向的联合。在完全中学高级阶段，课程的设置不仅仅是为学生升入大学作学术性准备，还包括为学生升入高等专科学校学习和直接进入大学以外的职业教育作准备的课程。在与完全中学高级阶段同一层次的职业教育中，将加强普通教育内容，为学生转入学术性轨道创造条件。《教育结构计划》主张建立一个综合性的中等教育第二阶段。

《教育结构计划》强调了教育机会均等的理念，"国家的每一个公民，都应有机会以不同的形式和在不同领域实现对教育的同等要求。""如果有了平等的受教育机会，并且促使每一个成长中的人具备真正利用这种机会的条件，那么，受学校教育的权利便实现了。"《教育结构计划》批判了原来三类不同学校在课程设施和教学方法上的区别，"如果各学校轨道继续在教学内容、教学方法和教学要求上相区别，那么，不久就有由于把科学教育与民众教育对立起来而形成等级差别。有组织的学习应当对所有形式来说都是面向科学的。职业教育与普通教育对立起来的状态，也是不应长久地保持下去的。学习应该促进人的全面发展，包括个人要学会学习。"但是，《教育结构计划》强调教育机会均等不是教育上的平均主义，"教育机会均等不应当通过拉平对儿童的要求来争取实现。相反，需要做到的，首先应当是及早消除儿童受教育机会上的差别。此后，提供的教育应加以分化，以有助于按形式不同的学习兴趣和学习可能性给以相应的促进，并提供更高一级的教育"①。由此可见，德国 70—80 年代中等教育改革，是既注重平等又注重质量的改革，改革的主旋律为实现"教育机会均等"。

1972 年，德国各州文化教育部长常务会议制定了《关于改组中等教育第二阶段完全中学高级阶段的协定》(简称《波恩协定》)，对中等教育第二阶段完全中学高级阶段的改革作了规定。在教学组织方面，革新之一是，完全中学的传统分类(如古典语完全中学、现代语完全中学、经济完全中学等)将取消，任何一所完全中学将培养各科的毕业生。其二，就是完全中学高年级将取消传统的班级组织制，改为基础学程和能力学程制。基础学程的目的在于使学生掌握有关科学的基础知识，能力学程是使学生加深对科学预备知识的理解和扩大专门知识，每个学程持续半年。

在课程方面，学校确定必修学科领域与选修学科领域，并在这两个领域中再开设特长课与基础课。必修课和选修课的周总课时数为 30 学时，必修课与选修课的课时数比为 2∶1。两个领域的各门学科都同时开设基础学程和能力学程两种学程。基础学程与能力学程没有原则性差异，只是程度上的差异。必修学科领域包括：德语、外语、造型艺术、音乐、哲学、宗教、社会综合常识或历史、地理、社会学、经济学、数学、物理、化学、生物学。这些学科又分为三个课业领域：①语言—文学—艺术课业领域，包括德语、外语、造型艺术和音乐。②社会科学课业领域，包括社会综合常识、历史、地理、哲学等。③数学—自然科学—技术课业领域，包括数学、物理、化学、生物学和信息学。此外，宗教和体育也属于必修学科领域，它们属于独立的课业领域。

选修领域的学科除了必修领域中的学科外，还包括教育学、心理学、社会学、法学、地质学、天文学、工艺学、统计学、数据处理等等。截至 1989 年，规定学生必须选修的是两门能力学科，在外语、数学和自然科学中选择一门作为第一能力学科，第一能力学科则可以在

---

① 李其龙，孙祖复著. 战后德国教育研究[M]. 南昌：江西教育出版社，1995：32—33.

其他学科中选择。根据《波恩协定》，各州有权规定一门第三能力学科，并且在必要时，在第二和第三能力学科以及学程和学程组合上，各州可有具有约束力的补充规定。

改组后的完全中学高级阶段的修业年限原则上为 3 年。但是《波恩协定》鼓励学校根据学生的特点进行个别化教学，可以提前 1 年或者推迟 1 年完成修业。

在实施了十几年之后，普遍认为，教学的个别化和选修课的增加，使学生摆脱了学校类型的束缚，学生可以根据自己的发展倾向和兴趣爱好来确立个人的学习重点。此外，多方面选修可能性的提供，避免了教材臃肿，有利于在选定的重点上深化学习。但是，改革也导致了一些问题，例如，过早出现专业化倾向，学生综合学科的知识水平有下降的情况。

(四)90 年代的改革：以德国的统一和欧洲的一体化为主题

1990 年东、西德统一后，原东德成为德国的五个联邦州：勃兰登堡州、萨克森州、萨克森—安哈特州、图林根州和梅克伦堡—前波莫瑞州。随后，德国就着手对原东德的教育进行改革。中等教育的改革情况如下：梅克伦堡—前波莫瑞州的中等教育结构最接近联邦德国的"三分制"结构模式：5～9 年级为主要学校，5～10 年级为实科学校，5～12 年级为完全中学。在"三分制"的基础上，可以设立综合中学。在勃兰登堡州，基础学校 6 年之上，设立 7～10 年级的综合中学，或上面再加 11～13 年级的完全中学高级阶段；7～13 年级为完全中学或 7～10 年级为实科学校。综合中学通过内部分组和外部分组实施，达到中等教育第一阶段，完成所有各种毕业资格的普通教育。实科学校毕业生进入专科高中。萨克森州规定，基础学校上面设立中间学校和完全中学。中间学校的 5、6 年级具有定向的职能。从 7 年级开始实行决定将来达到何种学历资格的分化。中间学校可以按若干种教程分化，目前分为主要学校和实科学校两种教程。学生在 9 年级后获得主要学校毕业的学历资格；完成 10 年级课程，经考试合格，获得实科学校毕业的学历资格。中间学校可以设立各种特别的分支，如语言分支、数学—自然科学分支、艺术分支、技术分支、体育分支等。完全中学也是包括5～12年级，前两个年级属于定向阶段，高级阶段的两年实行分组学程制。萨克森—安哈特州的中等教育结构为：中等教育阶段学校和完全中学。前者包括5～7年级阶段上的实行分组教学的促进阶段和紧接着的一个主要学校教程(7～9年级或10年级)或实科学校教程(7～10年级)。后者包括5～12年级，其中5～6年级为观察阶段，11～12年级为高级阶段，为学程制阶段。图林根州的改革方向与萨克森州的相似。基础学校之上的为"常规学校"，包括5～8年级或10年级，7年级开始分流，方向之一为主要学校，方向之二为实科学校，两者都实行毕业考试。完全中学包括5～12年级，高级阶段一般为2年。

欧盟成员的扩大及欧元的问世，使欧洲的一体化更进了一步。德国的统一使德国在欧洲事务中扮演越来越重要的角色。为创造欧洲一体化的条件，德国已经设立了"欧洲完全中学"，强调多门外语、数学和物理等学科的学习。此外，还设立了强调职业教育与普通教育相结合的实验中学。最后，在面向21世纪的90年代，德国非常重视提高中等教育的教学质量。

第四节　日本中等教育改革

(一)以民主化为方向的改革(1945—1959)

战后日本无条件投降，美国占领军实行管制，且对其教育进行民主化改革。1947年，日本将旧制高等小学和青年学校改制为新制初中，另一部分为新建。新制初中是在小学教育基础上实施的中等普通教育，属于义务教育阶段。1947年教学计划开设的课程包括必修课(国语、社会、数学、理科、音乐、图画、手工、家政、体育、自由研究等)和选修课(外国语、习字、职业课程等)。

1948年，日本将旧制高等女子学校、实业学校等多种类型的中等教育机构统一为单一型的 3 年制的高级中学。为了贯彻"教育机会均等"的原则，高中实行学区制、男女同校和综合制的"三原则"。所谓"综合制"，就是在同一所学校实行职业教育与普通教育课程。高中的目的在于既为高等学校输送优秀的生源，又为社会输送有一定知识和技术的劳动者。因此，高中在学校类型、学科课程、授课方式等方面具有多样化的特点。

①男女同校，体现了男女平等的观念。战前，日本中等教育盛行男女分校，男女根本不平等。战后的教育改革，实现了中等教育的男女同校，是日本教育史上的女生的解放。②新制初中和新制高中增进了日本的教育机会均等。战前日本实行的是多轨制的中等教育结构，这种教育制度，加强了日本盛行的社会阶级结构，它通过控制中等学校和大学的招生形式，直接或间接地使教育限于社会上层的圈子。新制初中为义务教育阶段，同时，新制初中和新制高中为单一体制的中等教育结构，彻底打破了教育机会不均等的状况。③新制初中和新制高中实施统一的课程标准，表明战后日本确保教育质量方面的机会均等的决心。

（二）以科学化为方向的改革（1960—1970）

经过 50 年代的努力，日本很快把经济恢复到战前的水平，其中等教育也取得了很大的发展。初中就学率达 99% 以上，高中入学率达 60% 以上。高中教育的发展，归功于高中实施的"三原则"，打破了战前的多轨制，促进了单轨制教育体系的建成，清除了中等教育的等级差别、男女差别和地区差别。但是，在日本经济进入快速发展的 60 年代，"三原则"中的"综合制"限制日本职业高中的发展，不利于高中为经济发展及时培养合格的劳动者。为适应经济发展的需要和产业结构的变化，解决人才供求关系不平衡的状况，文部省在 1961—1970 年间调整了高中的学科结构，削弱了高中普通科，增设了高中职业科，特别增加设立了工业科和工业高中。经过调整，将原来的普通科对职业科的 6∶4 调整为 5∶5，并且增加职业高中生的人数，职业高中人数由 1955 年的 23 万人，增加到 1970 年的 56 万人。

（三）以课程为中心的中等教育改革（1971—1979）

1971 年 6 月日本中央教育审议会提出了《关于今后小学教育的综合扩充、整顿的基本对策》的报告，成为日本 70 年代"第三次教育改革"的指导思想。在文部省的主持与指导下，日本开始了 70 年代的教育改革。中等教育改革的中心是课程改革。1977 年公布了《关于改善中小学教学计划的标准》，同年 6 月公布了《小学、初中教学大纲》。1978 年 8 月公布了《高中教学大纲》。初中教学大纲制订的基本方针为：①培养具有丰富人性的学生；②使学校生活时间宽裕而又充实；③在重视作为国民必须具有的共同的基础知识和技能的同时，要实施适应学生个性和能力的教育。高中教学大纲的基本精神为：①尊重学校主体性，尽力建立有特色的学校；②根据学生的个性和能力实施教育；③实现宽裕而充实的学校生活；④在体验劳动乐趣的同时，进一步重视道德教育。改革的总的方向是，减少必修课的时数和学分，增加选修课的时数和学分，在减轻学生学业负担的前提下，鼓励根据学生的个性和能力实施教育。

（四）以个性化为方向的改革（1980—2000）

80 年代以后的世界发生了巨大的变化，政治的多极化，经济的全球化，科学技术的日新月异……日本为了适应未来社会的变化，进入了 80 年代的"第三次教育改革"。1984 年 2 月中曾根首相在国会上提出"建立一个作为内阁总理大臣的咨询机构来审议、调查和受理一系列教育改革问题"。1984 年 8 月 21 日，"临时教育审议会"正式成立，并于同年 9 月召开了第一次大会，听取了中曾根首相所作的《为使教育适应日本社会变革和文化发展而进行改革的基本方针》的报告。从 1984 年 9 月至 1987 年 8 月，"临时教育审议会"召开过 14 次听证会，作过多次实地调查研究，征求了多方面的意见，先后发表了 4 次咨询报告。

1987 年 8 月，"临时教育审议会"在《关于教育改革的第四次审议报告》（终结报告）中，提出了有关教育改革的八个课题：①面向 21 世纪的教育的基本措施和方向；②纠正学历社会的弊端，使终身学习组织化、系统化；③高等教育的高度化与个性化；④充实初等及中等教育，实现多样化；⑤提高教师素质；⑥教育适应国际化社会；⑦教育适应信息化社会；⑧改革教育行政与财政。

为考虑教育改革的基本方法，报告提出了教育改革的三原则：

(1)重视发展个性。日本临时教育审议会第一次报告就指出："这次教育改革最重要的任务，是克服迄今为止我国教育根深蒂固的弊端——划一性、刻板性和封闭性，确立维护个人尊严、尊重个性、强调自由、自律和自我负责的原则，亦即确立'重视个性的原则'。""划一性"是指教育内容、教育方法及管理体制方面的千篇一律。"刻板性"是指这种千篇一律的教育内容、方法与管理的僵化与呆板，很难灵活处理和改变，犹如程序一样，坚不可摧。"封闭性"指学校与社会生活之间的封闭与隔绝。学校是一个封闭的系统，学校与其之外的社会生活、生产劳动等缺乏联系。这些弊端加上学历主义，使日本教育失去了个性和创造性。为此，教育改革必须摒弃这些弊端，必须发展和丰富学生个性，必须重视"创造性能力"的培养。创造性同个性有密切的关系，只有丰富的个性才能孕育出真正的创造性。学生真正个性的培养关键在于尊重学生的自由、自主，重视培养学生的思维和表达，以及使教育环境"人性化"。

(2)向终身学习体系过渡。临时教育审议会的报告指出："为了主动适应社会变化，建设富有活力的社会，必须克服学历社会的弊端，满足人民因学习意欲增强、各种教育服务机构的出现以及科学技术的发展所产生的新的学习需要，必须扭转学校中心的思想，统筹建立以向终身学习体系过渡为基轴的教育体系。"为此，教育必须采用多元化的评价体系，形成综合性的学校网络以及扩大学校和科研机构的教育作用。

(3)使教育适应时代的变化。为了把日本建设成为富有创造性和富有活力的国家，就必须使教育更积极地适应时代和社会变化的要求。在此适应过程中，最重要的是适应国际化和信息化的要求。适应国际化的要求包括：促进学生对于国际社会的理解；加强教育的国际交流；

加强外语和国语的教学。适应信息化的要求包括：大幅度扩充教育者和受教育者间的双向信息交流，形成以信息网络为中心的学习空间。与此同时，要求学生切实地掌握包括"读、写、算"在内的基础知识和基本技能；处理好教育与信息化的关系；采用个别化教学等各种灵活的教学形式；培养人们处理和应用学习的能力。

改革强调日本教育要"培养活跃于国际社会的日本人"，并以此为出发点提出了教育改革的总目标：

(1)根据学生的发展阶段即学科的特征，通过整体教育活动，培养具有丰富心灵和坚强意志的人；

(2)培养自我学习和主动适应社会变化的能力与创新精神；

(3)重视作为国民所必需的基础性和基本性素养，并充实个性化教育；

(4)在重视培养学生尊重日本传统文化的同时，加深国际理解，并培养适应国际社会的日本公民的素质。

中等教育的改革主要体现在课程教学方面的进一步的深化，以此来发展学生个性。

中等教育方面的改革内容如下：

(1)重视学生参加社会服务和公益劳动以及同自然的接触，即通过增加学生的体验活动进行道德教育，使道德观念深入学生的内心。

(2)进一步精选教学内容，并使之明细化，以便让每个学生都能通过合适的指导切实掌握这些基础性的和基本性的内容。

(3)各科都注重思考力、判断力、表现力的培养，特别是重视作为创造性基础的逻辑思维能力和直观能力的培养，并加强体验学习和问题解决学习，以使学生掌握适应社会变化以及终身学习的方法和能力。

(4)大量增加中等学校的选修课，包括增加选修课的种类、数量和课时数。在1989年开始实施的初中课程中，初中的选修课总时数为250～630学时，其中，初一为105～140学时(占总时数的10%以上，每一学年的总时数为1 050学时)，初二为105～210学时，初三为140～280学时。在1989年颁布1994年实施的高中教学大纲中，选修课包括历史(日本史、世界史)、地理、现代社会、伦理、政治、经济、物理、化学、生物、地学、美术、音乐、书道、工艺、家政、生活技术等。

(5)加强计算机教育，包括加强在教学中灵活使用计算机等教学机器以及"信息基础""计算机操作"等内容的学习。

(6)课时具有弹性，但根据学科内容的特点和学生的实际情况，教学时间可以灵活缩短、延长或分割。

第六章　中国中等教育

第一节　中国中等教育制度的演进

中国是一个历史悠久的文明古国，中国教育的历史同样源远流长。早在氏族社会末期，中国就已经有了学校，但是，在清代晚期，中国社会开始发生了另一种变化。1840 年，英国发动了侵略中国的鸦片战争。1856 年，英国又纠集法国组成联军发动了侵略中国的第二次鸦片战争。由于清政府的昏庸无能，中国政府投降，与侵略者签订了不平等条约，中国向它们赔款割地。

在西方的侵略下，中国沦为英、法等国的半殖民地国家，从而使中国成了一个半封建半殖民地的国家，中国社会发生了急剧的变化。帝国主义的侵略日益加剧，清政府为了维护自己的统治和适应资本主义的发展，开始实行新政，推行变法。毛泽东同志说："帝国主义列强侵略中国，在一方面促使中国封建主义社会解体，促使中国产生了资本主义因素；但是另一方面，它们又残酷地统治了中国，把一个独立的中国变成了一个半封建半殖民地的中国。"

1901 年清政府与八国联军签订了《辛丑条约》后，中国就更加被操纵在帝国主义手中。它们不仅仅实行政治、军事统治，而且办学校、设教堂，进行文化侵略。在这种背景下，许多有识之士主张变法革新图强，不仅要坚船利炮，更要学西学和实学。革新举措之一就是废科举、兴学堂。

1901 年清政府下诏兴学，1902 年制订了效法日本的《壬寅学制》。1903 年经过修改，制订了《癸卯学制》。这是中国历史上第一个以法令形式颁布的在全国推行的学制，也是中国的第一个现代学制。1903 年学制是以洋务派思想为指导的，其立学宗旨是欲通过"中学为体、西学为用"，中国既得保持原有的传统文化，又采用资本主义的方法技术。

在这一学制中，中等教育制度为 6 年，由于初等教育 9 年，在 4 年大学之前还有 3 年大学预科，所以学制长达 22 年。中等教育阶段对应的教育机构为中等学堂与中等实业学堂。中等学堂，16 岁入学，学制 6 年，接受初等学堂毕业生中的优异者，施与较深的普通教育，兼升学就业双重任务。中等实业学堂分设中等农业学堂、中等工业学堂、中等商业学堂、中等商船学堂等四类。各中等实业学堂均分预科与本科，预科招收 13 岁以上的初等小学堂毕业生，学制 2 年；本科招收 15 岁以上的高等小学毕业生，学制 3 年。中等师范学堂为初级师范学堂，以"讲明教授管理之法为宗旨"，修业 5 年，毕业生为高等小学堂与初等小学堂之教员。

1912 年元旦，孙中山在南京就任中华民国临时大总统。之后，任命蔡元培为首任教育总长。4 月，蔡元培发表《对于教育方针之意见》一文，主张五育并举的教育方针：军国民教育、实利主义教育、公民道德教育、世界观教育和美感教育。1912 年 7 月，教育部在北京召开全国临时教育会议，决定重订学制，制定学校系统。1912 年 9 月 3 日颁布了新的《学校系统令》，即《壬戌学制》。学制规定：初小 4 年，高小 3 年，中学校 4 年，大学校预科 3 年，本科 4 年。其中，中学校 13 岁入学，16 岁毕业。与其并行的有甲种实业学校预科 1 年、本科 3 年；师范学校预科 1 年、本科 3 年；另有师范学校补习科、小学教员讲习所。与《癸卯学制》相比，明显的变化是，中等教育的入学年龄由 16 岁提前到 13 岁，学制缩短，为 4 年。

北洋政府统治期间，颁布了《学校系统改革案》，即《壬戌学制》，又称为《新学制》。因为这是 1919 年"五四运动"后中国资产阶级教育家进行教育改革的尝试。1919 年 10 月，全国教育联合会在山西太原举行第五届年会。会上开始讨论修改学制系统的问题。1920 年 10—11 月间，全国教育联合会第六届年会在上海召开，年会决议案中提出了学制系统改革的建议和思路。1921 年 9 月，美国教育家孟禄来华讲学，并参与学制问题的研讨。又经过 1 年的讨论，1922 年 9 月 22 日于北京召开"学制会议"，后又交于济南年会（全国教育联合会）讨论。最后，1922 年 11 月 2 日，大总统黎元洪签令颁布施行。"新学制"采用了美国的"6·3·3"单轨制形式，故称为"6·3·3 制"，即学校系统分为初等教育、中等教育和高等教育；初等教育机构为小学，学制 6 年；中等教育机构为中学，学制 6 年，分为初级和高级，各 3 年；但依设科性质，也有初级 4 年和高级 2 年的。初级中学单独设立或与高中并设；初级中学实行普及教育，但视地方需要，兼设各种职业科。高级中学分为普通、农业、工业、商业、师范、家事等科，但要根据各地情况，单独设立一科或兼设数科。此外，中等教育的其他规定与说明如下：①中等教育必须采用选科制；②各地方得设中等程度之补习小学，或补习科。其补习之种类及年限，视地方情形定之；③职业学校之期限及程度，得酌量各地方实际需要情形定之；④为推广职业教育计划，得于相当学校内，酌设职业教员养成科；⑤师范学校修业年限 6 年；⑥师范学校得单设后 2 年或后 3 年，招收初级中学毕业生；⑦师范学校后 3 年，得酌行分组选修制；⑧为补充初级小学教员之不足，得酌设相当年期之师范学校，或师范讲习科。

在"新学制"中，中等教育 6 年分为 3 年与 3 年的两段，且小学 6 年，这样构成的"6·3·3 制"借鉴和吸收了美国学制的优点，构成了此后许多年中国学校系统的结构原型。

1927 年 4 月，国民党南京政府成立。中央的教育行政机构沿袭了广东国民政府的"教育行政委员会"，任命蔡元培、李石曾、汪精卫、经亨颐等人为国民政府教育行政委员会委员。随后，采纳蔡元培等人的建议，采用大学院和大学区制，作为中央与地方教育行政机构。1928 年 5 月，大学院在南京召开第一次全国教育会议，通过了《整理中华民国学校系统案》，即《戊辰学制》，其主干仍是《壬戌学制》的"6·3·3 制"，纵向把学校系统分为三段五级，即初等、中等和高等三段，初小、高小、初中、高中和大学五级。学制的横向系统分设师范学校、职业学校等。中等教育阶段学制 6 年，分初、高二级，各 3 年；初级中学得单独设立；高级中学应与初级中学并设；初级中学施行普通教育，亦可视地方之需要，兼设师范科及各种职业科；高级中学得分普通科及农业、工业、商业、家事和师范等；或单独设立高级职业中学，修业年限均以 3 年为原则；亦可以设立初级职业中学，修业年限为 3 年；各地方设立中等程度之补习学校等。与《壬戌学制》之不同的地方在于：《戊辰学制》废除了"综合中学制"，将普通中学教育、师范学校教育、职业学校教育分别设立；废除了中学的选科制，一律改为必修；普通中学除了采用"3·3 制"外，还可采用"4·2 制"（即初中 4 年，高中 2 年）；废除 6 年制师范学校，改为 3 年制师范学校；取消了师范专修科，添设乡村师范学校；单独设高级职业中学。这样，中国的中等教育在学制上走上了多样化的路子。

抗日战争之前，国统区内的中等教育发展缓慢。抗日战争期间，众多沦陷区的师生涌入大后方。国民党政府设立"国立中学"、"国立师范学校"、"国立职业学校"予以收容，部分地区使流亡师生能够不因战争影响教育教学活动。抗日战争后期，中学有了数量上的发展，1928 年，全国中学有 954 所，学生数 188 700 人；1936 年有 1 956 所中学，学生有 482 522 人；1942 年发展到 2 373 所中学，学生 831 716 人；1946 年为 4 266 所中学，学生 1 495 874 人。

抗日战争期间，中国人民在中国共产党的领导下，建立了一大批抗日民主根据地。这些抗日根据地在中共中央的新民主主义教育方针和政策的指导下，教育有了很大发展。在中等教育方面，陕甘宁抗日民主政府成立之前，并无中等教育可言。1937 年 2 月，中共在延安创办鲁迅师范学校，后迁延长，再迁关中新正县。1937 年，学员有 360 人，主要培养小学师资。1938 年，成立边区中学，学制 2 年，与"鲁师"性质相同。1939 年 8 月，上述两校合并，易名为边区第一师范。1940 年 3 月，在关中成立第二师范；在定边成立第三师范；同年 4 月，在庆阳成立了陇东中学，也是培养小学教员的师范学校。1940 年，绥德、米脂建立了抗日民主政权，接办了绥德师范学校和米脂中学。1941 年 9 月，又成立了第四师范学校。在这些中等学校中，只有米脂中学设有高中班，其余均为初级中学，主要为小学培养师资力量，部分进行干部培养与在职干部的文化培训。1943 年，第一师范学校与第四师范学校合并，改为延安师范学校。1944 年，延安师范学校又与延安大学中学部合并成立延安中学。同年，三边师范学校与延安大学民族学院合并，组成三边公学。1945 年 4 月，又成立子长中学。1941 年，7 校共有 32 个班级，学生 1 466 人；1945 年，发展到 55 个班级，在校生 2 443 人。

抗战结束之后，进入了解放战争时期，由于中国共产党代表了广大中国人民的利益与正义的立场，在战争中不断取得胜利，新解放区迅速扩大。1948 年 10 月，全国已解放的大中小城市有 586 座，约占全国城市的 30%，与此同时，接管了一大批中等学校。在维持原有学制的基础上，为了使中等教育适应即将到来的大规模经济、文化、教育建设的需要，各大解放区先后召开了中等教育会议，对中等教育加以总结，提出中等教育正规化建设的意见，使中等教育有计划地培养边区知识分子与提高现任乡干部的文化，是今后中等教育的总任务。就学制说，普通班修业一般 3 年，个别学校为 4 年，地方干部培养班 1～1.5 年。1948 年，东北解放区召开第三次教育会议，主体是使中等教育走向"新型正规化"，中学采用"3·3 制"，以文化教育为主，建立开学、考试、放假、修课标准、升级、留级、毕业等正规化制度。之后，华北解放区也采用"3·3 制"，初级、高级各 3 年；师范学校 4 年，简易师范学校 2 年。这样，为全国解放后全国中等教育全面新型正规化创造了条件。

1949 年，中华人民共和国成立，中国共产党领导中国人民取得了国家独立与解放，并且在中国建立了社会主义制度。1949 年颁布的《中国人民政治协商会议共同纲领》规定，"人民政府应有计划有步骤地改革旧的教育制度"[1]。

同年 12 月教育部召开的第一次全国教育工作会议决定：对旧教育采取"坚决改造、逐步实现的方针"，并且提出，"以老解放区新教育经验为基础，吸收旧教育有用经验，借助苏联经验，建设新民主主义教育"。1951 年政务院发布《关于改革学制的决定》，提出："我国原有学制有许多缺点，其中最重要的是，工人、农民的干部学校和各种补习

---

① 刘英杰主编. 中国教育大事典　1949—1990[M]. 杭州：浙江教育出版社，1994：35.

学校和训练班，在学校系统中没有应有的地位；初等学校修业 6 年并分为初、高级的办法，使广大的劳动人民子女难于受到完全的初等教育；技术学校没有一定的制度，不能适应培养国家建设人才的要求。"新学制建立了包括幼儿教育、初等教育、中等教育和高等教育的完整的学校系统。其中，幼儿教育机构为幼儿园，学制 4 年；初等教育机构为小学，学制 5 年；中等教育机构为中学，学制 6 年；高等教育机构为大学，学制 4～5 年。

中等教育学校系统如下：

(1)中学。分为初级中学、高级中学两级，修业年限各 3 年。初级中学招收小学毕业生或具有同等学力者，入学年龄以 12 足岁为标准，毕业后经过考试升入高级中学或者其他同等程度的中等专业学校。高级中学招收初级中学毕业生或者具有同等学力者，入学年龄以 15 足岁为标准，毕业后得经过考试升入高等学校。

(2)工农速成中学。学制 3～4 年，吸收参加革命斗争和生产工作达到规定年限并且有相当于小学毕业程度的工农干部和产业工人，施以相当于中学程度的教育，毕业后得经过考试升入各种高等学校。

(3)业余中学。分为初、高两级，各为 3～4 年，业余初级中学毕业生经过考试升入高级中学或者其他同等学校；业余高级中学的毕业生得经过考试升入各种高等学校。

(4)中等专业学校。包括技术学校、师范学校和医药及其他中等专业学校。技术学校又分为初级技术学校和技术学校两级，修业年限各为 2～4 年，分别招收小学毕业生和初中毕业生或同等学力者，入学年龄均不作统一规定，包括工业学校、农业学校、交通学校和运输学校等。毕业后，均应在生产部门服务，服务满规定年限后，得经过考试升入高一级学校。师范学校包括初级师范学校、师范学校和幼儿师范学校。师范学校和幼儿师范学校，修业年限为 3 年，招收初中毕业生或者具有同等学力者，入学年龄不作统一规定。初级师范学校修业年限为 3～4 年，招收小学毕业生或具有同等学力者，入学年龄不作统一规定。师范学校和初级师范学校的附设幼儿师范科和修业年限为 1 年的相当于初级程度的师范速成班。初级师范学校、师范学校和幼儿师范学校的毕业生，应在小学或幼儿园服务；在服务满规定年限后，得经过考试分别升入高一级学校。其他的中等专业学校的情况与技术学校之规定相同。

1954年9月26日，政务院发布《关于改进中等专业教育的决定》，确定各类中等专业学校的修业年限为：工业3～4年，农业、林业、医药及其他3年，计划、经济、会计2年半至3年。1955年7月9日，教育部、高等教育部发布《关于工农速成学校停止招收的通知》。

1958年9月18日，中共中央、国务院在《关于教育工作的指示》中提出：在全国统一的教育目的的指导下，"采取统一性与多样性相结合，普及与提高相结合"的原则，"全国将有三类主要的学校：第一类是全日制学校，第二类是半工半读学校，第三类是各种形式的业余学习的学校"。并指出："现行学制是需要积极地和妥当地加以改革的，各省、市、自治区的党委和政府有权对新的学制积极进行典型试验，并报告中央教育部。经过典型试验取得充分的经验之后，应当规定全国通行的新学制。"

1958—1959年，在"大跃进"的形势下，在很短的时间内，各地迅速出现较大规模地进行中小学学制的改革试验，有的你追我赶，一哄而上。中学学制有：中学5年一贯制、4年一贯制、初中2年制、中学4·2制、3·2制、2·2制，中小学9年一贯制、7年一贯制、10年一贯制、中小学3·4·2制，还有农村中学、半工半读学校。

1959年5月24日，中共中央、国务院《关于试验改革学制的规定》指出："各地有不少学校进行改革学制的试验。其中有些试验，是经过中央教育部和省、市、自治区党委批准的，但有许多则是未经批准而自行试验的。学制改革的试验是教育事业中的一件大事，必须有组织、有领导地进行。"

1960年4月9日，国务院副总理陆定一在二届人大会议上作了《教学必须改革》的发言，认为"我们的教学还有严重的少慢差费的现象，因此必须进行教学改革"。"我国现行的学制，是从国民党统治时期继承下来的。这个学制是从美国抄来的，是一个落后的学制……我们从前进行教学改革，取得了不少成绩，但是还没有来得及对中小学学制进行改革。"因此，"从现在起，进行规模较大的试验，在全日制中小学教育中适当缩短年限，适当提高程度，适当控制学时，适当增加劳动。我们准备以 10~20 年时间，逐步地分期分批地实现全日制中小学教育的学制改革。"

根据改革精神，中学学制由 6 年缩短为 5 年，教育程度由原来的水平提高到大学一年级水平，全国共有 3 495 所中学参与学制改革试点。1961 年 2 月 1 日，教育部召开普通教育学制试点学校座谈会，明确提出：当前只试验 10 年制，程度要求相当于现行 12 年的水平，试验面不宜过大，试验成熟了再推广，农村学校可不搞试验。此后，试验学校数量减少，1961 年中学试点为 900 所，1962 年进一步大幅度减少。1963 年 7 月 27 日，教育部发出《关于坚持进行中小学教学改革试验工作的通知》(简称《通知》)，指出："中小学教学改革试验工作，在 1960 年开始时，不少地方采取了积极的态度，但是，由于缺乏适当的控制，以致试验面过大，要求偏高偏急，曾走过一些弯路。在纠正了上述偏向之后，凡是踏实认真进行试验工作的，都已取得了显著成绩，试验效果一年比一年好。"该《通知》指出：初中一年级试验 5 年一贯制或者 3·2 分段制。

1964 年 2 月 6 日，中共中央决定成立显著问题研究小组，以林枫为组长，蒋南翔为副组长，并指出：我国现在的学校修业年限长，课程负担重，学制有改革的必要。研究小组成立之后，先后召开了 8 次座谈会或调查会，讨论 4 年制中学、5 年制中学、中等专业学校、城市半工半读学校的学制。7 月下旬，中央学制问题研究小组召开扩大会议，提出《学制改革初步方案(征求意见稿)》，提出的"新学制"包括全日制、半工半读和半农半读、业余学校三大类。全日制中学为 4 年，不分段。业余学校分为初级、中级和高级三级。1965 年，有 100 所中学参与 5 年制试点。

1965 年 4 月，教育部召开全日制中小学教学改革座谈会，教育部副部长刘季平作了总结发言，发言的要点为：在学制、课程、教材、教学方法、考试方法等方面都可以改。1965 年 11 月，中共中央政治局扩大会议讨论城市半工半读教育问题。刘少奇主席在会议上讲话时指出：半工半读试验的重点是中等专业学校和高等学校。同年秋，全国半工半读和半农半读中等学校突破 4000 所，学生达 80 万人之多。

从 1968 年起，各地对中小学学制进行了多种改革，有中小学 9 年一贯制，有中学 4 年制。70 年代，又增加了初中高中各 2 年的、初中 3 年高中 2 年的、中学 4 年的、中小学 10 年一贯制的等等。

粉碎"四人帮"后，中国结束了文化大革命，社会开始进入到正常化的秩序中。教育也开始恢复工作。各级各类学校先后恢复原有的学制或者稍加修改，中小学学制改革试验继续进行。1978 年 1 月 18 日，教育部发出《全日制 10 年制中小学教学计划试行草案的通知》，在学制方面，农村 9 年一贯制的继续进行，有条件的可以办成半工半读的五七学校和农业中学；全日制中小学学制为 10 年制，中学 5 年按初中 3 年、高中 2 年分段。

1980 年 12 月，中共中央、国务院发出《关于普及小学教育若干问题的决定》指出：中小学学制，准备逐步改为 12 年。1986 年，国务院副总理兼国家教委主任李鹏在《关于〈中华人民共和国义务教育法〉（草案）的说明》中指出：目前，我国小学和初中的学制年限有 6·3 制、5·4 制和 9 年一贯制等多种形式。多种学制并存，是我国现存的实际情况。中学学制由 5 年过渡到 6 年，初中 3 年、高中 3 年，同时并存 5 年制中学，初中 3 年、高中 2 年。

就中等专业教育说，1980 年国务院批准了《全国中等专业教育工作会议纪要》，提出确定中专学制：中等专业学校是在相当高中文化程度的基础上进行专业技术教育，中专的高年级与大学低年级交叉，是介于高中与大学之间的一种学校。根据我国经济文化发展不平衡和中专专业门类多、要求不一的情况，中专学制可以多样化：招收初中毕业生，一般为 4 年学制，个别 5 年，有的专业仍保持 3 年；招收高中毕业生，一般为 2 年学制，医科和工科等有些专业可以为 2 年半或 3 年。少数民族地区可以从实际出发，提出不同的招生对象和学制。各地兴办的招收初中毕业生的职业中专，学制一般为 4 年，招收初中毕业生的职业高中，学制一般为 3 年。

第二节　战后中国中等教育的发展与现行体制

在中国共产党的领导下，中国中等教育发展很快。抗日战争结束之后，中等教育就有了很大的发展，中等学校为 5 992 所，学生数 1 878 000余人，其中普通中学 4 266 所，学生数 1 495 000 余人。占中学生人数79％。普通中学学生数中，初中生又占 78.3％，为 1 178 000余人。

1949 年全国解放之后，由于劳动人民成为国家的主人，获得了受教育权，中等教育同整个教育事业一起有了空前的发展。20 世纪50—60 年代，我国中等教育呈上升的发展趋势，但是由于文化大革命而使整个教育事业遭到了阻碍，中等教育在数量和质量上都出现滑坡。1978 年以后，由于结束了文化大革命，中国社会恢复了正常秩序，教育事业也步入正轨，中等教育呈现突飞猛进的发展势头。这是因为文化大革命耽搁了 10 年，加上人口的增长，使高中毕业生人数激增，从1965 年的 36 万增加到 1980 年的 669.9 万。同年，中等专业学校在校生人数为119.9 万人，农业中学和职业中学在校生人数为 45.4 万人，技工学校在校生为 68 万人。但是，我们发现，由于毕业生人数的大量增加，而高等教育发展的滞后，使得高中毕业生高校入学率却急剧地下降，从文化大革命前 1965 年的 45.56％下降到 1980 年的 4.19％。

1985 年，根据中共中央《关于教育体制改革的决定》，我国中等教育进行了全面结构改革，学制为 6 年，初中高中各 3 年。这样，形成了现行的我国中等教育学制系统：①普通中学——学制 6 年，分为初中 3年、高中 3 年，有 6 年一贯制中学（初中升入高中必须经过中考）、初级中学和高级中学三种。根据中考成绩和学生填报的升学志愿，初级中学毕业生可以升入普通高中、职业高中、农业高中或者中专技校；②职业中学——学制 6 年，分为初级职业中学和高级职业中学。初级职业中学招收小学毕业生，毕业后可以直接就业，也可以升入职业高中或者中专技校。职业高中招收各类初中毕业生，毕业后可以直接就业，也可以参加高考；③中等专业学校——招收初中毕业生的学制 4 年；招收高中毕业生的学制 2 年，分为农、工、商、医、粮食、银行等多种专门学校。此外，中等师范学校和中等幼儿师范学校，主要招收初中毕业生，曾经招收过高中毕业生，毕业后从事小学、幼儿园的教学管理工作。

此后，中国共产党实行改革开放的政策，社会经济获得巨大的发展，经济建设对中等教育数量和质量提出了要求。在经济发展的推动下，我国中等教育有了较大规模的发展。1990 年底，普通初中 7.2 万所，在校生 3 868.7 万人；农村、职业初中 1 509 所，在校生 47.6 万人；中等职业技术学校 1.7 万所，在校生 604.6 万人；职业中学 9 164 所，在校生 295.1 万人。同 1980 年相比，学校数增长 1.8 倍，在校生数量增长 6.6 倍。到 1991 年，高中阶段职业技术学校招生占整个高中阶段招生总数的 50.3%，超过了一半，学生数占 46.7%。

1991 年 10 月 17 日，国务院颁布《关于大力发展职业技术教育的决定》，政府进一步明确：城市可在高三分流，对一部分人进行定向性或预备性的职业技术教育。农村可以根据当地情况，分别采取"三加一"（即三年初中教育再加一年职业技术教育），初三分流、四年渗透职业技术内容或办职业初中等多种形式发展初中阶段的职业技术教育。

第三节　中国中等教育目标与课程

20 世纪初，伴随废科举、兴学堂的学制改革，教育目标也发生了实质性的变化。1906 年，清末统管教育的最高行政机构奏准宣布的教育宗旨为"忠君、尊孔、尚武、尚实"，教育的目的是"为了造就全国之民"。《癸卯学制》规定："无论何等学堂，均以忠孝为本，以中国经史之学为基，俾学生心术壹归于纯正，而后以西学瀹其知识练其艺能，务期他日成材，各适实用。"这可谓现代教育最早的宗旨，也就是目的。

辛亥革命后，蔡元培倡导"五育"并举的教育目的，"以公民道德为中坚，盖世界观及美育皆所以完成道德，而军国民教育及实利主义则必以道德为根本"①。全国临时教育会议上讨论了国民教育方针"注重道德教育，以实利教育、军国民教育辅之，更以美感教育完成其道德"②。中等教育以完成普通教育、造就健全国民为宗旨。

袁世凯窃取了中华民国临时大总统之后，复辟帝制，推行尊孔复古教育。1915年，袁世凯颁布《教育要旨》，提出"爱国、尚武、崇实、法孔孟、重自治、戒贪争、戒躁进"的教育要旨。使教育退回到清末封建主义的教育思想中。

1922年实行"新学制"后，《学校系统改革案》提出教育的七项标准：①适应社会进化之需要；②发挥平民教育之精神；③谋个性之发展；④注意国民经济力；⑤注意生活教育；⑥使教育易于普及；⑦多留地方伸缩余地。中等教育目标，就是注重个性及智能发展，兼顾升学与就业双重任务。

1928年，南京政府提出《整理中华民国学校系统案》，以1922年《新学制》为基础，提出教育六项原则：①根据本国实情；②适应民生需要；③增进教育效率；④谋个性之发展；⑤使教育易于普及；⑥留地方伸缩可能。之后增加"提高开学标准"原则。1931年，实行"三民主义"教育宗旨。即"中华民国之教育，以根据三民主义，发展民族精神，实现民主政治，完成社会革命，而臻于世界大同为宗旨"③。中等教育之目标，在于确定青年三民主义信仰，并切实陶冶其忠孝仁爱信义和平之国民道德；注意青年个性及其身心发育状态，而予适当的指导及训练；对于青年，应予以职业指导，并养成从事职业所必具之智能。

中华人民共和国成立后，教育目的又发生了根本性的转向。《共同纲领》规定："人民政府的文化教育工作，应以提高人民文化水平，培养国家建设人才，肃清封建的、买办的、法西斯主义的思想，发展为人民服务的思想为主要任务。"中学的目标相应转变为"使学生的身心获得全面发展，以便为升入高等学校或参加建设工作打好基础。""培养他们成为社会主义社会全面发展的成员。"中等专业教育的目标是：在

① 陈学恂主编. 中国近代教育大事记[M]. 上海：上海教育出版社，1981：46.
② 同上.
③ 姜书阁. 中国近代教育制度[M]. 北京：商务印书馆，1933.4：23—24.

于有计划地培养中等专业干部，以保证国家经济发展的需要。

1957年，教育目的由毛泽东主席亲自提出："我们的教育方针，应该使受教育者在德育、智育、体育几方面都得到发展，成为有社会主义觉悟的有文化的劳动者。"中等教育的目标在这一方针的制约下，主要为社会主义建设培养劳动后备军和为高一级学校输送合格的学生。

粉碎"四人帮"后，尤其是十一届三中全会以后，中国共产党拨乱反正，教育工作得到了恢复和发展，教育目的也被重新阐明。即"培养有理想、有道德、有文化、有纪律、热爱社会主义祖国和社会主义事业，具有为国家富强和人民富裕而艰苦奋斗的献身精神，都应该不断追求新知，具有实事求是、独立思考、勇于创造的科学精神"。中等教育目标在服从上述目的的基础上，强化其升学之知识学习与就业之技能培训。

教育目的制约教育目标，教育目标的实现依赖课程的实施和教学活动的运作。教育目标具体化为课程目标与教学目标。而要实现课程目标就必须实施课程，通过具体的行为来展现结果；要实现教学目标就必须进行教学组织和教学活动。由此可见，教育目标与课程的关系最为密切。因此，我们有必要进一步了解中等教育课程与教学。

与1922年《新学制》相配套的课程是1923年6月4日颁布的《新学制课程标准纲要》，对小学、初中、高中课程进行了规定。

初中课程标准纲要：初级中学课程分为社会、言文、算学、自然、艺术、体育等6科。初中授课以学分计，每学期每周1课时为1学分，但如图画、手工、音乐、体育等须课外补习者，得酌量折算。初中以修满180学分毕业。除必修科目164学分外，选修学分为16分，可选其他科目或补习必修科目。初中课程有：社会科公民(6学分)、历史(8学分)、地理(8学分)、言文科国语(32学分)、外国语(36学分)、算学科(30学分)、艺术科图画、手工、音乐(12学分)、体育科生理卫生(4学分)、体育(12学分)、自然科(16学分)，共计164学分。

高级中学课程标准纲要：高级中学依据学制改革令分为普通、农业、工业、商业、师范、家事等科。这几科又分为两类：第一类以升学为主要目标的称普通组；第二类为注重数学及自然科学的实验组。

高级中学各科各组的课程又分为三部：一部为公共必修科目，二部为分科专修科目，三部为纯粹选修科目，修满150学分毕业。高中普通科第一组的课程为：公共补习科目（16分）、外国语（16分）、人生哲学（4分）、社会问题（6分）、文化史（6分）、科学概论（6分）、体育（10分），共64分；分科专修的必修科目有：特级国文（8分）、心理学初步（3分）、伦理学初步（3分）、社会学之一种（4分）、自然科学或数学之一种（6分），共24学分；分科专修的选修科目为32学分（或更多）；纯粹选修科目为30学分（或更少）。普通科第二组的课程：公共必修科目（同第一组）共64学分。分科专修的必修科目（3分）、高中几何（6分）、高中代数（6分）、解析几何大意（3分）、用器画（4分）、物理、化学、生物（三科目选习两科，每科6分，计12分），共34分；分科专修选修科目为23学分（或更多），纯粹选修科目为30学分（或更少）。至于其他职业各科的课程，除公共必修科目与普通科相同外，所有分科专修科目和纯粹选修科目，由各校视实际情况自行决定。高中师范科课程如下：关于公共必修科目，共68学分，较高中普通科增加了音乐4分，但视各校情况而定。关于补习科的科目计有：心理学入门（2分）、各科教学法（6分）、小学各科教材研究（6分）、教育心理（3分）、普通教学法（2分）、教育测验与统计（3分）、小学校行政（3分）、教育原理（3分）、实习（20分），共48学分，也有伸缩的余地。关于选修科目又分为三组：第一组为文科，注重言文及社会科，计有：选修国语（8分）、外国语（8分）、本国史（6分）、西洋近代史（4分）、文学通论（4分）、政治概论（3分）、经济概论（3分）、乡村社会学（3分），共39学分，至少选修20学分；第二组为理科，注重数学自然科学，计有：算术（包括珠算8分）、代数（6分）、几何（6分）、三角（3分）、物理（6分）、化学（6分）、生物（6分）、矿物地质学（4分）、图艺学（4分）、农业大意（6分），共55学分，至少选修20学分；第三组为艺术科，注重艺术、体育，计有：国画（8分）、手工（8分）、音乐（6分）、家事（8分），共38学分，至少选修20学分。教育选修科目为：教育史（4分）、乡村教育（3分）、职业教育概论（3分）、儿童心理学（4分）、教育行政（3分）、图书馆管理法（3分）、现代教育思潮（3分）、幼稚教育（6分）、体育学（3分），共32学分，凡以上各组均须选修至少 8 学分。

1929 年 8 月，国民党政府教育部公布了《中学课程暂行标准》(下称《标准》)。规定初中课程设有：党义、国文、外国语、历史、地理、算学、自然科、生理卫生、图画、体育、党童子军、工艺和职业科目；高中课程设有：党义、国文、外国语、数学、本国历史、本国地理、外国地理、物理、化学、生物、体育、军事训练和选修科目。该《标准》还规定，初中、高中均采用学分制，初中取消选修科目，高中普通科不再分组。

30 年代，国民党政府实行三民主义的教育宗旨，中等教育课程实施原则：全部课程编制，应以三民主义为中心；课程之教学，应与以训育的实施相关联；学习之事项，应尊重个性，使之自由活动而发挥其特长；理论之探讨，应与实际作业或实际生活相沟通；注重童子军(初中)、军事训练(高中)及看护学习(女生)。1932 年 11 月，教育部公布《初高中各科课程标准》，规定：取消学分制，改为学时制；规定初中每周教学 34～35 学时，在校自习 13～14 学时；高中每周教学 31～34 学时，在校自习 26～29 学时；取消高中的选修科目；改"党义"为"公民"科目等。1936 年，国民党政府教育部公布了《修订中学课程标准》，其中的修改有：①减少教学时数，初中每周教学 31 小时，高中每周教学 29～30 小时；②取消在校自习时数的规定；③改初中劳作科为金工、木工、土竹工、农业畜养四小组，分年修习；④初中第三年度增设职业科目 4 学时，相应减少劳作、图画、音乐等 4 学时以抵补。

1940 年 2 月 20 日，教育部又公布《高初级中学教学科目及各学期每周各科教学时数表》，对原定教学时数又作了调整，初中实行分组选修，每周选习 3 学时；高中三年级增加简易职业科目等。

中华人民共和国成立后，其中等教育课程的基本框架是 20 世纪 50 年代建立的，在原有教育的基础上，利用解放区教育实践的教育和借鉴苏联教育经验，使课程新型化。50—60 年代，全国开始统一课程标准，课程设置是按照科学的分类来确定的，力求给学生以全面的知识。学校课程门类很多，只有必修课，没有选修课，主要是根据学校类型设置课程的。普通中学有语文、数学、物理、化学、外语、历史、地理、体育、生理卫生、政治、生物等科目，每周30学时，主要以升学为目的。1958年后，为了锻炼思想，增加了生产劳动课。

文化大革命后，学校恢复正常秩序，1978年教育部颁发的是《全日制十年制中小学教学计划（试行草案）》中规定：中学只设14门必修课，每周必修科达9门，初中每周上课38学时；高中为29学时，主要用于语数外和数理化。1981年学制过渡到中学六年制，课程也作了调整，高二、高三每周各增设4小时的选修课。一种是选修由学校自行决定，可以开设职业技术课，也可以开设文修课；另一种是分科选修，而分文理科各有侧重，目的为了升学。

1985年后，在《关于教育体制改革决定》的指导下，我国课程进行了改革。这样，我国自50年代以来的全国统一性的课程体系开始打破，使我国课程可以根据每个地区社会经济文化情况因地制宜，呈现多样化趋势。

第四节　中国中等学校教学工作

20世纪，自废科举、兴学堂后，也就打破了中国几千年来的私塾式的个别教学，而同时引进了与工业主义相一致的批量生产的班级授课制，从而使班级授课制成为我国中等教育教学的基本形式。但是，课堂教学在不同历史阶段因受不同教育思想理论的影响而呈现不同的运作方式。

最早对中国中小学教学产生深刻影响的是赫尔巴特的教学理论，其"五段教学法"在我国中小学占主导作用的时间是辛亥革命后至20年代。赫尔巴特认为，教学应有一定程序，教学过程包含了明了、联系、系统和方法四个阶段，其继承者则把教学过程分为五步：①准备；②提示；③比较和抽象；④概括；⑤应用。由于这种教学模式使教师可以按部就班地进行教学，所以许多教师都按五步教学法组织教学。为了使学生懂得"任何物体如果它轻于同体积的悬浮它的空气或液体，它就会漂浮在这种液体或空气之中"这个道理，教师可以这样安排教学：①准备——让学生回忆船、气球、泡沫以及诸如此类的东西漂浮情况；②揭示——教师介绍漂浮的事实，如演示油在水面上漂浮，空心铅球在水面上漂浮等；③比较和抽象——学生发现新旧事实之间的相似之处，把新旧观念联系起来，从而发现共同的因素；④概括——用漂浮原理来解释两套事实中的共同因素，这就达到了教学目的；⑤应用——用漂浮原理解答新的问题。在"五段教学法"中，教师处于中心位置，从教学设计、内容选择、组织控制到评价结果，均由教师把握，使教师即便在水平不高的情况下也可以很好的运用。

20年代"新学制"中"七标准"有五大标准是杜威的教育思想，在教学中也就深受杜威思想的影响，认为赫尔巴特的教学缺乏生气、缺乏对学生的尊重。杜威认为，学生的学习应该按照五点进行：①学生参与有兴趣的活动，置于一定的情景之中；②在这种情况下，学生产生一个真实的问题，激发思维的积极性；③为了解决问题，学生收集必要的资料，从事必要的观察；④在上述基础上，想出各种解决问题的方法；⑤用各种办法验证自己的想法，证明其正确性。

1922年，上海吴淞中学（原中国公学中学部），在舒新城等人的主持下，先在国文和社会常识两科进行新教学实验。实验借鉴美国的道尔顿制，即取消年级制和班级授课制，学生在教师指导下，各自主动地在学习室根据拟定的"学习契约"，以不同的教材、速度和时间来完成各科"作业"，以此来进行学习，发展各自的兴趣和个性。随着实用主义教育思想在中国的传播，1922年道尔顿制传入中国。1922年6月，《教育杂志》刊登鲍德证的《道尔顿实验室计划》一文，介绍了道尔顿制。同年11月，《教育杂志》出版"道尔顿制"专号。舒新城等人实验的主要措施是：改教室为各种作业室，按学科性质陈列参考书和实验仪器。作业室兼备原来教室、自修室、图书室、实验室等多方面的作用。每室由一人或数人担任指导员，学生在规定时间内，按照自己的兴趣，自己选择课业完成作业，并记录在表格上，以便教师检查学习成绩，考核其是否达到某种程度。1925年7月14日，道尔顿制创始人柏克赫斯特应邀来华讲学。中国道尔顿制的实验达到了高潮。据统计，有上百所中学在进行道尔顿制教学试验，报刊发表有关论文约150多篇。北京文艺中学从 1925 年起坚持实验达 10 年之久。30 年代以后，道尔顿制在中国慢慢少了。由于国民党政府采取了党化教育，在教学方式上也回到了以"灌输"为手段的教学方式上。

新中国成立之后，我国教学实践深受苏联教育理论的影响。教学论强调以辩证唯物主义认识论为理论指导，它重视系统科学知识的学习，重视教师在教学中的主导作用，严格进行课堂教学。教学过程分为六个基本环节：①使学生自学具体的材料，造就表现；②认清所学客体中的相同点与相异点，本质的、主要的和次要的地方，认清原因与结果，相互作用的关系以及其他关系；③形成学生的概念；④使学生牢固地掌握事实与概念的关系；⑤技能、熟练技巧的培养与加强；⑥在实践中检验知识的正确性。

1958 年，我国进行了教学改革，强调教学与实际生活的联系，批评教学脱离实际生活的弊端，根据毛泽东同志的实践论来检查教学工作，使教学过程成为"实践—理论—实践"的环节，学生走向社会，参加生产劳动，参加社会实践。例如，以发动机、柴油机和离心水泵为中心的教学取代了物理教学，以"政治任务"带动文科教学，结果出现教学质量的下降。

80 年代后，随着中国的改革开放，一方面，教育理论工作者介绍了大量西方的教育理论。另一方面，我国教育实践也进行了尝试性改革。首先是教学观念的转变。建国后，学校教育基本上是按照苏联教育家凯洛夫教学理论建立的教学模式，即"三中心"：在师生关系上以教师为中心；在教学内容上以系统的书本知识为中心；在教学组织形式上以课堂为中心。观念上的转变，表现为教师的主导作用与学生主体地位的统一，传授知识和发展智能的统一，课堂教学与课外活动的相结合等。

广大中学教师解放思想，大胆进行改革，其表现为从教学方法改革向教学内容改革发展；从单项改革向综合性改革发展；从单一化向多层次、多样性发展；从高级统一向统一性与灵活性、多样性相结合发展。在方法上，突破"满堂灌"的注入式教学，运用启发式教学，调动学生积极性与主动性，培养学生能力，发展学生智力。在内容上实现整体综合改革。

20世纪，随着教育的广泛的科学课程体系的引进，教育与教学管理也尝试科学化的模式。在教学与课程层次上表现为教育测验、智力测验等方法，"五四"运动前后始入中国。从1921年起，江苏、安徽、河南等省中等学校招收新生时开始采用心理测验与科学的教育测验进行筛选。1922年秋，中华教育改进社邀请美国哥伦比亚大学教育心理学家麦柯尔教授来华，帮助编制各种测量表和训练有关人才的工作。成立了编制测验委员会，由陶行知任主任，两年间编制了50多种测验，其中著名的有"TBCF"制，为我国学校广泛使用。T为某学生某种特性之单位，而以学生年龄为依据；B为某学生在某种特性聪明之度；C为学生分班标准；F为某学生在某学科之努力（能力）。1923年，由麦柯尔博士与我国的刘延芳博士主讲，对全国各省的视学和县视学、教育局长或劝学所长、中小学校长等进行教育心理测验的培训，以使我国教学管理走向科学化的道路。

但是，30年代以后，国民党政府为了控制学校教育，对学生进行严格管理和限制，实行了毕业会考与总考试制度。1932年5月26日，国民党教育部公布了《中小学毕业会考暂行规程》。通令各省、市、县教育行政机关，对所属公立、已立案的私立中小学应届毕业生，在经原校考试及格之学生中举行会考。会考各科成绩及格者才能毕业；会考一科或两科不及格者，可复试一次，复试仍不合格者，可补习一年，再参加该科会考一次；三科以上不及格者，应令留级，亦以一次为限。但是，由于控制严格，题目过难，中学会考不及格的人数众多，因而出现反考情况。1933年7月16日，安徽省各中学反对会考，组织反会考大同盟，并发表反会考宣言。这必然遭到政府的整顿，中央政府下令撤换了大批中学校长。1932年12月2日，又公布了《中学生毕业会考规程》，规定：初级中学会考科目为公民、国文、算学、理化（物理和化学）、生物（动物和植物）、史地（历史和地理）；高级中学会考科目为：公民、国文、算学、历史、地理、物理、化学、生物、外国语；会考各科成绩核算方法，以学校各科成绩占4/10，会考成绩占6/10，合并计算；会考三科以上不及格者留级，以二次为限。1934年4月26

日，国民党教育部公布了《师范学校学生毕业会考暂行规程》，其中规定：省、市、县内公立及已立案各类私立师范学校或师范科，其毕业会考由各省、市教育行政机关组织委员会办理之；毕业会考各科成绩须及格，才能毕业；一科或二科不及格者，准其参加下届该科会考，以二次为限；三科以上不及格者，应令留级，以二次为限。1935 年 4 月 6 日，又公布了《师范学校学生毕业会考规程》，规定各类师范学校的师范科应届毕业学生，经原校考查成绩及格后举行毕业会考。会考科目：①师范学校为公民、国文、算学、理化、生物、历史、地理、教育概论、教育心理、小学教材及教学法；②乡村师范学校会考科目同师范学校，另加试农村经济及合作、乡村教育；③简易师范学校为公民、国文、算术、理化、生物、史地、教育概论、教育心理、小学教材及教学法；④简易乡村师范学校，会考科目同简易师范学校，加试农村经济及合作、乡村教育；⑤三年制及二年制幼稚师范科为公民、国文、算术、历史、地理、生物、物理、化学、教育概论、儿童心理、幼儿教材及教学法、保育法。若一科或两科不及格者，可先做服务工作，等其及格后，才作正式聘用。另规定：严惩考试作弊之学生及负责人员。抗战后，各省举行会考有困难，已成战区之省份均免会考，非战区之省份仍然举行会考，但 1945 年起，中学毕业会考暂停举行。

文化大革命期间，学校的管理与评价均采用强硬的政治手段，学校失去了教学的正常秩序。文化大革命后，恢复教育的正常秩序的第一件事情就是恢复全国统一高考制度。之后，小学升初中、初中升高中、高中升大学均采用统一考试制度。不同层次的学校，按分数档次择优录取。在这种情况下，毕业考试不起重要作用，整个教学都围绕高考升学运作，导致了整个中等教育的片面追求升学率的负面影响，使我国教育处于严重的"知识本位"的应试教育状态。

1983 年，原教育部提出有条件的地方可试行初中、高中毕业会考。此后，上海、浙江等省市进行了认真的试验。国家教委在调查研究和总结经验的基础上，于 1989 年决定在全国逐步实行普及普通高中毕业会考制度。

实行会考是为了贯彻党和国家的教育方针，加强教学管理，推动教学改革，大面积提高教学质量，给中学教学以正确的导向。会考是国家承认的省级普通高中文化课毕业水平考试。它是检查评价普通高中教学质量的一种手段，也是考核普通高中学生文化课学习是否达到必修课教学大纲规定的基本要求的重要手段，它与高校招生选拔考试具有不同的性质。

会考采用考试和考查两种方式，考试和考查一律在学科教学全部结束后进行，学完一门考一门。

会考由省、自治区、直辖市统一命题(包括制订考试答案和评分标准)，统一施考、统一阅卷、统一统计、分析和报告成绩。凡思想品德表现(包括社会实践)合格，会考成绩达到学籍管理中毕业生文化课成绩合格标准，体育达到合格标准的学生，可以取得普通高中毕业证书。普通高中毕业证书由省、自治区、直辖市教育委员会、教育厅(局)印制，地(市)教育行政部验证，学校颁发。

实行会考是普通高中考试的一项重大改革。几年来，先期实行会考的省、直辖市的实践证明：会考对于学校端正办学指导思想，调动大多数学校教师教和学生学习的积极性，对于克服偏科现象，加强教学的薄弱环节，全面执行教学计划，以及对于加强教学管理，正确检查评价教学质量，提高办学效益等方面，均起到了积极的作用，也为今后建立高中毕业文凭制度奠定了基础。到 1991 年底，全国已有 29 个省、自治区、直辖市开始实行普通高中会考制度。

此外，为了克服片面追求升学率，减轻学业负担过重，初中招生考试制度改革也在 1986—1989 年进行试点，即积极创造条件，有步骤地取消小学升入初中的统一招生考试，凡准予毕业的小学生，即可就近升入初中学习。同时努力办好每一所初中。据对 29 个省、市、自治区的统计，1991 年全国有 72.4% 的地级市、51.3% 的县(市)实行了初中招生考试制度。实践证明，初中招生考试制度是促进小学生全面发展，提高小学教育质量，完成普及九年制义务教育任务的重要措施之一。这项改革有效地改善了大多数初中学校的生源，调动了学校、教师的积极性与学生学习的主动性。一大批"薄弱"初中在领导班子、办学条件、教师队伍、学校管理等方面得到加强。同时改革促进了社会和家庭用正确标准评估学校和教师的工作。

第五节　中国中等教育改革

　　20世纪的100年，可以说，中国的中等教育一直处于改革与调整之中。如前所述，自1902年清末颁布《壬寅学制》，到1904年的《癸卯学制》；从辛亥革命后的1912年的《壬子癸丑学制》到北洋政府时期的《壬戌学制》(1922)，再到国民党政府1928年的《戊辰学制》，可谓一朝天子一朝臣，教育制度随着政治制度的更变而发生变化。

　　进入20世纪下半叶，中华人民共和国从1949年起改革旧的教育制度，经历了50年代、60年代教育制度的全面改革阶段。进入文革，教育也成为政治斗争的工具，失去其应有的功能。70年代恢复教育教学正常秩序，到1985年，中共中央《关于教育体制改革的决定》又掀起了我国教育改革的新高潮。它明确了我国社会主义教育的新方向，教育要为社会主义建设服务，要培养有社会主义觉悟有文化的劳动者和接班人，要充分发挥每个学生的聪明才智。因此，教育结构与体制的改革势在必行。

　　首先，初级中等教育实行义务教育。1986年4月12日，六届全国人大四次会议通过《中华人民共和国义务教育法》，我国正式推行九年制义务教育。按地区、分阶段、有步骤地实行九年制义务教育，是我国国情决定的。就中等教育初中阶段而言，经济发达的地区可以在1990年左右实现普及义务教育；对于经济、文化中等发展程度的地区，就要求1995年实现普及初中阶段义务教育，走上了依法治教的轨道。据统计，1990年多数大中城市已经普及了初中等教育，预计到20世纪末，全国可基本实现普及九年制义务教育。

　　其次，普通教育与职业教育的分流。在中等教育阶段，有初中分流、高中分流两种。1991年10月17日，国务院《关于大力发展职业技术教育的决定》进一步明确：城市可在高三分流，对一部分人进行走向性或预备性的职业技术教育。农村可根据当地情况，分别采取"三加一"(即三年初中教育加一年职业技术教育)、初三分流、四年渗透职业技术内容或办职业实中等多种形式发展初中阶段的职业技术教育。

相应地,为了促进和深化职校改革,国家教委、农业部等八部委于1988年4月下发了《关于农业中等专业学校招收农村青年不包分配班的若干规定》(1988年农〔教〕字第4号)的指导文件,进一步推动了中等专业学校招生与毕业生分配制度的改革。

为了使全国职业学校发展走向良性循环,1990年,国家教委颁发了《省级重点职业高级中学的标准》,各地结合各自的实际情况制订了本省(自治区、直辖市)的评估标准和办法,并认真组织了评估工作,审定了全国260所重点职业高级中学,使全国职业中学的发展具有示范性。

最后,为加强职业教育与经济的关联性,在办学模式上,自1985年,不少地区引进德国"双元制",坚持企业与学校密切配合,以企业为主;面向实际,突出技能培养。

其三,普通中学课程改革。

进入90年代,中等教育改革进入微观的课程领域,为了克服与解决下述课程问题:①中学课程缺乏综合性和弹性,门类多,课程多,难度大,分量重,学生负担重,不利于学生德、智、体、美诸方面和谐发展。②课程设置与教材内容基本上是为升学服务的,重理论,轻应用;重做题,轻动手;重分数,轻创造,不利于既有科学文化基础又有实践动手技能的创造性人才的成长。③全国课程统一一个模式,课程没有特色,教学没有特点,学生没有特长。

课程改革主要处理六方面的关系:①升学与就业的关系。不能以升学为唯一目的,课程要以提高学生素质为主要中心,使学生各得其所、各展所长。②全面发展素质与发展学生个性的关系。全面发展是基础,不要求面面俱到,而是在努力打好基础前提下,挖掘潜力,培养特长,允许局部与部分不如人。③整体提高水平与局部降低难度的关系。在理论知识与抽象知识学习上,降低难度,以使全体学生能够适应其水平与兴趣;而在新知识,动手操作,应用能力,态度与品德方面要严格要求,提高层次。④继承与改革与教育整体改革的关系,要各个方面全面改革。

课程分为几大"板块"：由必修课、选修课和课外活动组成。适当减少必修课课时，从初二到高三逐年增加选修课的课时和品种。在实验基础上，1990年3月8日，国家教委颁发了《现行普通中学教学计划的调整意见》。

课程由学科课程和活动课程两部分组成。学科课程采取必修课和选修课两种形式。必修课课程开设政治、语文、数学、体育、外语、物理、化学、生物、历史、地理、劳动技术等科在高中三个年级均为必修课，外语、物理、化学、生物、历史、地理等科在高一、高二年级为必修课。与现行教学计划相比较，数学、外语、物理、化学等科必修课的课时数有所减少，历史、地理和生物的必修课时数有所增加。选修课分两类：一种是单科性选修，在高一、高二年级开设；另一种是分科性选修，分文科、理科、外语、艺术、体育、职业技术等课程，在高三年级开设。

活动包括课外活动和社会实践活动。课外活动包括：体育锻炼、知识讲座、科技活动、各类兴趣小组活动、校班会、时事教育等；课外活动时间不得进行补课和辅导。社会实践活动按国家教委的有关文件规定进行。

《现行普通高中教学计划的调整意见》对必修课、选修课、课外活动、社会实践活动的课时和时间作了具体规定，并要求历史必修课的教学大纲要增加中国近、现代的内容，其他必修课的教学大纲要以适当调整教学内容、适当降低教学要求、适当控制深度为原则做必要的调整；物理、化学、生物、历史、地理、外语等学科选修课的教学大纲也要降低过高的教学要求。同时还对时事教育、人口教育、国防教育和计算机课程的开设作了相应的规定。课程改革与调整初步做到了以社会需求为出发点，以人才素质提高为目标，使普通中等教育能够更符合社会发展的需要。

第七章 世界中等教育发展的特点与趋势

第一节 世界中等教育发展的特点

世界各国中等教育的发展，尤其是战后各国中等教育的发展及改革，可以从下面三方面分析其特点：中等教育目标的平等与质量、中等教育结构制度的分化与综合以及中等教育课程的学术化与职业化。

（一）中等教育目标的平等与质量

教育的平等与质量，是教育发展的一个永恒的主题。关于平等，有三种不同的解释：教育机会均等、教育过程平等和教育结果平等。保守自由主义往往奉行教育机会均等，而激进自由主义却主张教育过程平等或教育结果平等。从平等与质量的关系看，主张绝对的平等必然导致教育质量的下降，教育机会均等往往是兼顾平等与质量的最佳途径。其理由是，儿童之间存在差异。以差异性或多样性为基石的生物学，赋予了每个人以一系列独特的属性，正是这些特性使个人拥有了他以其他方式不可能获得的一种独特的品格和尊严。就潜力而言，每一新生婴儿都是一未知量，因为在他的身上存在着无数我们并不知道的具有着相互关系的基因和基因组合，而正是这些基因和基因组合促成了他的构造及品行。作为先天及后天的综合结果，每个新生儿都有可能成为迄今为止最伟大的人物之一。不论这个婴儿是男是女，他或她都具有成为一个特立独行的个人的素质。因此，我们不可能寻求全体儿童发展的结果的平等，只能寻求过程或机会的均等，但是，机会均等比过程平等更为科学，因为机会均等意味着向每个儿童提供使个人在入学时存在的天赋得以发展的各种机会。合情合理的是，不能抱有这样的希望，即在完全同样地对待每一个形势的意义上去实现机会均等。相反，可以说应当为所有儿童提供在社会差别上区别对待的均等机会"。从长远的眼光来看，要实现机会均等，就得依据不同的而且分类也不属于一维的价值，即"恢复多种抉择"，就机会均等来说，不仅仅是入学的机会均等，还包括：①通过一定的方式消除学校外部的各种物质因素的差别；②通过一定的政策确保学生接受中等教育的学校内部的物质条件的平等；③学生学习机会均等。为确保教育质量的实现，适应性的课程计划以及个别化教学都非常重要。

从理论上说，平等指向权利和资源，质量指向水平和标准，这二者存在张力。在现实中，因为时间、经费、人力及政策问题，而偏向"质量"或"平等"。但是，这并不是说，质量与平等是矛盾的。教育既要追求平等，更要追求质量，处理得当，教育中的"质量"与"平等"是一致的和相容的，且存在相互依存性。兼顾平等与质量的唯一手段，是提高教育的"针对性"：根据不同儿童之间存在的智力、才能、兴趣、爱好、性向等方面的差异性，施予与其个性相一致的教育。

从世界中等教育发展看，其目标的发展分为三阶段：19世纪及以前的中等教育属于注重质量的精英型目标；20世纪走向注重平等的大众型目标；战后各国中等教育改革过程中，又表现出注重平等和注重质量的"钟摆现象"。这种"钟摆现象"深受国际国内的政治经济军事形势的影响，一般说，当国际政治军事形势较为平静而国内社会问题和矛盾突出时，中等教育往往走向寻求大众化的平等的教育目标。例如，美国战后对退伍军人推行的教育资助计划，70年代美国的"选择学校"运动和生计教育运动，德国及日本战后的教育恢复和重建，英国中等教育综合化运动，苏联1958年的教育改革等。

而当国内社会相对稳定，国际政治经济军事竞争加剧时，中等教育则转向寻求效能目标。例如，1957年苏联人造卫星上天而形成的国际政治经济军事竞争，导致了1958年美国的教育改革及随后的德国、英国、法国的教育改革。

从 80 年代以后的各国中等教育改革看，由于各国的经济力量的增强及科学技术的日新月异，加上中等教育的普及化，中等教育所寻求的是双重目标：兼顾质量与平等，追求大众的卓越的中等教育。

当然，在中等教育改革过程中，美国和日本出现追求中等教育的结果平等的"绝对平均主义"的政策，导致了日本的"教育荒废"和美国的教育质量的滑坡。我们应该从中汲取经验教训。

(二)中等教育结构的综合与分化

中等教育的结构的综合与分化，受制于中等教育的目标去向。当中等教育寻求学术质量时，其结构往往以分化为特征，当中等教育寻求大众化目标时，其结构往往以综合为特征。从中等教育的发展看，早期是单一型的精英型体制，随着熟练工人和技术人员的需要，中等教育演化为"双轨制"，一轨为服务于上层贵族的学术轨，一轨为服务平民子弟的职业轨。战后，英国、德国演化为"三分制"，美国则演化为单一的"综合制"。

(三)中等教育课程的学术化与职业化

中等教育结构的分化与综合又进一步反映和体现在课程中的学术化与职业化的去向上。美国以综合制为特征的中等教育，其课程的演变就非常的鲜明，1958 年改革以加强学术课程为主题，70 年代生计教育运动以加强职业课程为主题。美国学校内部的课程分为学术轨、普通轨和职业轨。课程的三轨的轻重缓急反映了美国中等教育发展的目标去向。

第二节　世界中等教育发展的趋势

(一)中等教育目标是寻求质量与平等的兼顾

尊重并发展每一个学生的个性特点，是当代教育的根本目标。任何以歧视性强制措施所实施的"天才教育"或"精英教育"都是与真正的创造性教育背道而驰的。每个人生于世、活于世，就有其存在的价值，就必须具有生存的本领，即要获得劳作的创造性，也就必须受到教育法律的平等的保护。

（二）中等教育结构的综合化

70年代以后，各国中等教育都在尝试中等教育综合化试验。从发展看，中等教育结构的综合化是趋势。一方面，唯有综合化的中等教育结构才能实现教育机会均等，因为，教育机会均等要求学校在校舍设备、师生比例、师资条件、单位成本、经费投入、课程设置、教学等方面平等化。另一方面，中等教育结构的综合化才能够培养全体学生更为综合的基础素质。

（三）中等教育课程的一体化，强调科学、技术和社会的一体化和教学与社会生活的紧密联系

尽管60—70年代以来，世界许多国家为了强调学生创造性的培养而开发了专门的创造性思维课程，但是，实践与研究证明，脱离学科而进行一般的创造性培养的效果并不理想，真正有效的方法是立基于学科教学进行创造性的培养。结合学科教学进行创造性的培养又可以分为两种方式。一种为分科式，即在分科教学的过程中，根据不同学科的特点培养学生在该学科领域的创造性。例如，写作的创造过程不同于科学的发现发明，写作必须遵循构思、表达和复看与修改三阶段进行创造；而科学问题的解决必须遵循问题表征、设计解题计划、执行解题计划和监控四个步骤。另一种为综合式，即打破学科的界限，通过不同学科的有机结合而进行创造性的培养。例如，国际上具有广泛影响的STS教育，就是把科学、技术、社会融为一体，在综合性教学中培养学生的创造性。

哈耶克认为："一个自由社会的本质在于，一个人的价值及酬报，并不取决于他所拥有的抽象能力，而取决于他能否成功地将这种抽象

能力转换成对其他有能力作出回报的人有用的具体的服务。"①我们强调创造性与劳作的一致性，也就是强调创造性培养必须与社会实际生活相联系。社会为了使其更加繁荣昌盛，就必须为人们提供创造活动的最大限度的机会。相应地，教育同样也必须为学生提供利于发挥其创造性的最大限度的机会和动因。"如果我们训练的只是那些期望'被使用'的专才，他们凭靠自己并不能发现合适的工作，甚至把确使其能力或技艺得到恰当使用的问题视作他人的责任，那么我们就不是在为自由社会培养和教育人。"因此，"我们必须对我们的教育和精神取向作出相应的调整，以适应自由社会的要求。"②在教育中，我们可以采用多样化的方式使学生的学习与运用结合起来，以利于学生创造性的培养。例如，鼓励学生发表自己的习作并为学生提供在报刊发表的机会；鼓励学生根据社会的实际问题(环境污染、交通堵塞、贫困等)进行创造性的探索，寻求解决的方案；鼓励学生参与企业工厂的实践，在实践中培养解决实际问题的能力。

第三节 从国际比较的视界看中国中等教育发展的问题与出路

信息时代的到来，知识成为社会主要资源，人才培养成为社会发展的核心，而这种培养必须面向现代化、面向世界、面向未来。这就必然要求我们对当前的教育进行省思。就整个中等教育的情况而言，其问题就出在"应试"两字。"应试教育"的病理表现最为明显的莫过于中等教育阶段，其问题可以归纳为以下几个方面：

其一，升学主义导向的中等教育制度必然导致目标上的片面性。

其二，应试教育反映在学校层面上的问题。

其三，应试教育反映在课程中的问题。

---

① 〔英〕弗里德里希·冯·哈耶克. 自由秩序原理[M]. 三联书店，1997：95—96.

② 〔英〕弗里德里希·冯·哈耶克. 自由秩序原理[M]. 三联书店，1997：97.

其四，应试教育反映在教学中的问题。

其五，应试教育反映在评价上的问题。

为克服应试教育带来的种种问题，为更好地使我国教育适应未来社会发展之需要，今天，我国教育界提出了从应试教育走向素质教育的战略构思，并成为国家的教育宏观战略规划。

素质教育，就是大众的卓越教育。所谓大众，即教育制度不存在歧视性模式，长期以来的以学业成绩优劣论进行的分校、分班、分组是违背大众的方向，不符合教育民主化的潮流。联合国教科文组织早就指出："我们时代的一项重要任务，就是要寻求一种根本的、非歧视性的模式"，使得所有个人的才能都能够得到实现。1994年世界教育大会又提出"全纳性教育"的概念，指出，"教育要满足所有儿童的需要"，每个儿童都有其独特的特性、兴趣、能力和学习需要；教育制度的设计和教育的实施应该考虑到这些特性和需要的广泛差异；以全纳性为导向的普通学校是反对歧视的态度，创造受人欢迎的社区，建立全纳性社会以及实现全民教育的最佳新途径。此外，普通学校应该向绝大多数儿童提供一种有序的教育，提高整个教育系统的效率并最终提高其成本的效益。对我国而言，素质教育的大众性意味着，教育必须给予每个学生均等的机会，促使每个人充分发展。尊重人的发展权利，努力开发每个人的潜能，从而尽量地努力，增加社会发展的积极力量，减少社会发展的障碍，这不但是社会主义德育的根本性质要求我们的，也是最好的保障社会主义共同利益的手段。

所谓卓越教育，即从个体深层要求每一个人的最充分的发展。从外延讲，教育目标涵盖认知、情意、技能三大领域。认知领域包括认知、理解、应用、分析、综合、评价等六个方面；这是智能方面的发展，即教给学生知识，训练学生理解、判断等各种认识能力。情意领域包括接受、反应、评价、组织、个性之完成等；这是指改变学生气质、陶冶学生情操、培养理想等各方面的学习。技能领域包括心向、模仿、机械、复合反应、调适、创新等方面；这是实际操作或运算的能力。

从纵深发展讲，充分发展是认识性、技能性和价值性的综合发展，其实质就是个性自由发展，它是个体人格与本位的完善与发展。知识学习、智慧的获得是通向完善的人格，实现教育的"科学的人道主义"，它包括三个不断上升与完善的层次：

知识层次——知识是素质的最基本的层次。

智慧层次——在知识学习的基础上，实现知识内化，不仅记住知识，并把知识纳入自我的认知体系，成为主体认识世界与认识自己的方法与智慧。

人格层次——智慧的上升运动就是"化智为德"，实现"科学的人道主义"。

在素质教育的转向中，由于目标与内涵发生了变化，因此，首先必须扭转教育评价的方向，使教育评价从"应试教育"中的筛选功能转为素质教育中的发展功能。评价不是为了比较区别不同个体之优劣，而是为了发展每一个人的个性、能力、情态，是使个体历史的不断进步。评价主要以学生的自我比较形态出现，以避免同学之间的恶性竞争，或避免学生视同学为劲敌，明争暗斗，迷信优胜劣败。

相应地，素质教育重视形成性评价，即就教师的教学情形与学生的学习表现加以观察和记录，通常采用评定量表为工具，进行非正式的评定。其功能是提供学生进步的回馈资料，指示教学单元结构上的缺陷，以便实施补救教学。

此外，在以优劣比较的评价中，强调数量的差异，寻求统计上的通则，必然带来了学生优良中差之选的硬性划分，所谓常态分布并不正常。评价是系统目标的总结，量的重视与强化容易忽视复杂的情感的、人格的目标的不可比性的特点。因此，根据学生特性，强调定量评价与定性评价的统一与结合，是素质教育的评价趋势之一，通过定性评价，淡化数量，评价分数，淡化竞争，使教育真正提高人的素质。

这样，在评价方式上，拟采用多元化方式。以往一般人以为学校的成绩评价只限于知识技能的考查，事实上，现代教育注重德、智、体、美、劳的全面发展，除认识评价外，还应包括品行、人际关系、学习态度、兴趣、方法和习惯等方面的评价。多元化评价方式必须打破传统的百分制（或常态等级制），更应强调下述三种评分方式：

其一，描述评分。由教师准备一份书面的陈述，评估学生学习进步情形，评分特色是教师将重点放在学生如何学习和学生学到了多少，并且可以评价学生风格和人格。

其二，自我评估评分。运用自己的力量，恰如其分地评价自己，既是教会学生掌握学习的方法之一，也是鼓励学生诚实评估自己的一种策略。学习是自主的，评价也应充分考虑学生的自主性。

其三，契约评分。契约评分是一种个别化的评分方式，每个学生的评分亦不依据相同的标准。教师和每一位学生商议并签订评分期间学生将完成的工作，分数的高低视评分期间教师对学生工作的评估而定。

参考文献

1.〔法〕米亚拉雷,〔法〕维亚尔主编;张人杰等译.世界教育史　1945年至今[M].上海:上海译文出版社,1991.08.

2. 瞿葆奎主编;黄荣昌等选编.教育学文集　第14卷　教育制度[M].北京:人民教育出版社,1990.05.

3.〔德〕弗·鲍尔生著.德国教育史[M].北京:人民教育出版社,1986.05.

4.《外国教育丛书》编辑组编.中等教育结构改革[M].北京:人民教育出版社,1980.03.

5. 钟启泉编著.现代课程论[M].上海:上海教育出版社,1989.04.

6. 张人杰主编.国外教育社会学基本文选[M].上海:华东师范大学出版社,1989.06.

7. 金一鸣著.教育原理[M].合肥:安徽教育出版社,1995.12.

8. 王承绪,徐辉主编.战后英国教育研究[M].南昌:江西教育出版社,1992.02.

9. 李其龙,孙祖复著.战后德国教育研究[M].南昌:江西教育出版社,1995.06.

10. 马骥雄主编.战后美国教育研究[M].南昌:江西教育出版社,1991.10.

11. 赵中建著.战后印度教育研究[M].南昌:江西教育出版社,1992.06.

12. 教育部教育年鉴编纂委员会编.第二次中国教育年鉴[M].商务印书馆,1948.

13. 刘英杰主编.中国教育大事典　1949—1990[M].杭州:浙江教育出版社,1993.06.

14. 姜书阁编.中国近代教育制度[M].北京:商务印书馆,1934.

15. 朱有瓛主编.中国近代学制史料[M].上海:华东师范大学出版社,1983.12.

16. 陈学恂主编.中国近代教育大事记[M].上海:上海教育出版社,1981.10.

17. 赵中建.教育的使命　面向 21 世纪的教育宣言和行动纲领[M].北京:教育科学出版社,1996.06

18. 中国大百科全书编撰委员会编.中国大百科全书　教育[M].北京:中国大百科全书出版社,2002.09.

19. 瞿葆奎主编.教育学文集　18 卷　苏联教育改革　上册[M].北京:人民教育出版社,1993.02.

20.〔英〕弗里德里希·冯·哈耶克.自由秩序原理[M].三联书店,1997.

21.〔美〕本杰明·S·布卢姆等著;王钢译.布卢姆掌握学习论文集[M].福州:福建教育出版社,1986.08.

22. 邵瑞珍主编.教育心理学[M].上海:上海教育出版社,1988.04.

23. 冯契.著智慧的探索[M].上海:华东师范大学出版社,1994.10.

24. 联合国教科文组织总部中文科译.教育——财富蕴藏其中[M].北京:教育科学出版社,1996.12.